넥스트 한류

엔터테인먼트와 테크놀로지의 결합이 만들 한류의 미래

넥스트 한류

초판 1쇄 인쇄 2025년 6월 9일
초판 1쇄 발행 2025년 6월 15일

지은이 고삼석
발행인 전익균

이사 정정오, 윤종옥, 김기충
기획 조양제
편집 김혜선, 전민서, 백서연
디자인 페이지제로
관리 이지현, 김영진
마케팅 (주)새빛컴즈
유통 새빛북스

펴낸곳 도서출판 새빛
전화 (02) 2203-1996, (031) 427-4399 **팩스** (050) 4328-4393
출판문의 및 원고투고 이메일 svcoms@naver.com
등록번호 제215-92-61832호 **등록일자** 2010. 7. 12

값 20,000원
ISBN 979-11-94885-08-5 03300

* 도서출판 새빛은 (주)새빛컴즈, 새빛에듀넷, 새빛북스, 에이원북스, 북클래스 브랜드를 운영하고 있습니다.
* 파본은 구입처에서 교환해 드리며, 관련 법령에 따라 환불해 드립니다.
  다만, 제품 훼손 시에는 환불이 불가능합니다.

넥스트 한류

엔터테인먼트와
테크놀로지의 결합이 만들
한류의 미래

NEXT KOREAN WAVE

고삼석 지음

도서출판 새빛
AEVIT

추천의 글

탁월한 식견으로
한류의 미래와 비전 제시…
한류에 관한 책 중 백미

미디어 학자 고삼석 박사가 '한류 전도사'로 나섰습니다. 그가 현장감이 물씬 풍기는, 살아 있는 내용들로 가득 찬 한류에 관한 역작을 세상에 내놓았습니다. 지구촌 시대에 한 집단의 문화는 세상의 언어로 작동합니다. 100년 전만 해도 은둔의 나라였던 동북아시아의 작은 나라 대한민국의 문화가 한류라는 이름으로 세상에 얼굴을 내밀 줄 그 누가 알았겠습니까. 더구나 대중문화의 본무대인 미국이나 유럽은 물론 200개가 넘는 나라의 사람들이 우리나라 대중문화를 좋아하고 즐길 줄을 누가 상상이나 했겠습니까. 그러나 한류는 현재 진행형입니다. 한류는 성장성이나 확장성, 그리고 선한 영향력 측면에서 가야할 길이 멉니다.

〈넥스트 한류: 엔터테인먼트와 테크놀로지의 결합이 만들 한류의 미래〉는 한류에 대한 성찰부터 한류의 전망과 비전에 이르기까지 다양한 내용을 담고 있습니다. 고삼석 박사는 정책 현장과 연구 현장 그리고 산업 현장에서 두루 경험을 쌓은 보기 드문

한류 전문가입니다. 그는 단순히 탁상만 고집하는 백면서생이기를 거부합니다. 콘텐츠산업 현장에서 문제를 발견하고 해답을 얻기 위해 무진장 애를 써왔습니다.

지금은 인공지능의 시대입니다. 이 책은 엔터테인먼트와 테크놀로지의 결합을 의미하는 '엔터테크' 시각에서 문제를 점검하고 해법을 모색하고 있습니다. 고삼석 박사는 이런 입체적 관점을 바탕으로 지속가능한 한류를 위한 해법을 제시합니다. 물론 이 해법은 또 하나의 질문이자 도전이 될 것입니다. 탁월한 식견으로 한류의 새로운 비전과 미래를 제시한 이 책은 분명 최근 쏟아져 나오는 한류에 관한 책들 중 백미입니다.

박양우 전 문화체육관광부 장관

K-콘텐츠 다음은 K-엔터테크다!

우리는 지금 방탄소년단과 오징어게임이 이룬 글로벌 성공을 넘어서는 '넥스트 한류'의 중요한 변곡점에 서 있습니다. 이 책은 단순한 문화 현상 분석서가 아닙니다. 방송통신위원회 상임위원을 역임하고 미디어와 콘텐츠 정책 전문가, AI대학 석좌교수로 활동해 온 고삼석 저자는 깊이 있는 통찰력으로 콘텐츠와 기술, 산업과 정책을 유기적으로 연결하며, 앞으로 한류가 어떤 방향으로 진화할지 면밀하게 분석합니다. K-콘텐츠 플랫폼은 AI, 메타버스, 블록체인, 디지털 저작권 기술과 결합하며 새로운 가능성을 보여줍니다. 전 세계를 사로잡은 한류는 이제 단순한 콘텐츠 수출을 넘어 플랫폼을 구축하고, 기술을 수출하며, 글로벌 엔터테인먼트 산업의 패러다임까지 변화시키고 있습니다.

저자는 한류의 시작점인 중국을 비롯, '신흥 중심지'인 동남아시아 일대를 넘어 세계 최대 기술전시회인 CES와 글로벌 최대 콘텐츠 축제 사우스 바이 사우스웨스트SXSW 현장을 직접 섭렵하며 살아있는 정보를 제공합니다. 이를 통해 〈넥스트 한류〉는 한류의 다음 10년을 이끌 'K-엔터테크'라는 개념을 처음으로 체계적으로 제시합니다. "콘텐츠만으로는 한계가 있으며, 이제는 기술과의 융합이 필수"라고 제안하는 이 책은 콘텐츠 산업 종사자, 투자자, 정책 입안자, 스타트업 창업자들에게 미래를 내다보는 통찰력을 제공할 것입니다. 한류의 미래 방향성과 새로운 기회를 찾고 있다면, 이 책은 귀중한 안내서가 될 것입니다. 지금 바로 읽고, 'K-엔터테크'라는 새로운 한류의 물결에 함께하세요.

민경중 전 방송통신심의위원회 사무총장, (주)코아스 대표이사

청년에게 꿈을,
한류에 미래를

'한류의 지속가능성'은 어느덧 30년, 한 세대의 역사를 지닌 한류의 가장 중요한 화두입니다. 고삼석 교수는 이 물음에 답하기 위해 세계를 돌며, 콘텐츠의 현장을 답사하고 미래를 상상해 왔습니다. 미국과 중국, 그리고 베트남·캄보디아 등 동남아 국가들, CES에서 SXSW, BCWW까지―그의 발길은 한류의 현재를 응시하며, 문제의 해결을 모색하는 여정이었습니다.

그 오랜 체험과 고민의 축적이 한 권의 책으로 응집되었습니다. 〈넥스트 한류〉는 그가 줄곧 견지해온 "문제의 해답은 현장에 있다"라는 명제를 실천한 결과입니다. 책상머리에서 쓴 것이 아니라, 직접 보고 듣고 느낀 이야기들로 채워져 있습니다. 그런 점에서 이 책은 기존의 백서나 콘텐츠 산업보고서와 다릅니다. 글로벌 현장의 트렌드를 포착한 '콘텐츠 전략지도'이자, 동시에 '솔루션 저널리즘'을 지향하는 정책서이자 인문서입니다.

책의 후반부에서 그는 경험과 전문성에 입각해 "한류의 미래는 엔터테크에 있다"고 진단합니다. 첨단기술로 일상이 근본적으로 바뀌는 가운데, 생성형 AI 이후 콘텐츠 제작 현장에서 벌어지는 혁명적 변화들을 통해, 엔터와 테크의 결합 속에서 한류가 나아갈 방향을 설계합니다. 청년 세대에게 '보다 크고 담대한 꿈'을 품게 하는 것-그 또한 이 책의 숨은 미덕입니다.

돌이켜보면 20년이 넘는 인연 속에서 기억되는 고삼석 교수는 늘 '현장에서 실천하는 정책 전문가'였습니다. 한류는 '설계되지 않은 성공'에서 출발했으나, 이제 '성공의 함정'과 '자기복제'를 경계해야 할 시점에 와 있습니다. 저자가 말하듯, "한류의 지속가능성을 넘어, 그 역할은 무엇인가"를 묻는 이들에게 이 책은 차세대 한류를 준비하는 든든한 길잡이가 되어줄 것입니다.

정길화 동국대학교 한류융합학술원장, K콘텐츠아카데미포럼KOCAF 회장

한류를 '지속가능한 길'로 인도하는 안내서

저자는 오랜 세월 공직과 학계에 몸담으며 한류의 성장과 발전 전략을 직접 설계하고 집행한 정책 전문가입니다. 또한 그 현상을 분석해온 이론가이자 동시에 현장을 누벼온 활동가이기도 합니다. 이제 그가 한류의 지속가능성이라는 결코 쉽지 않은 길을 인도하기 위한 안내자가 되고자 합니다. 한류 생태계에 종사해온 일원으로서 그가 지나온 길과 그가 가고자 하는 길에 감사와 경의를 표하고 싶습니다.

이미 우리나라를 대표하는 브랜드가 된 한류는 생성형 AI의 출현 등으로 심각한 도전에 직면해 있습니다. 이 도전을 어떻게 슬기롭게 돌파하고 한류가 지속가능하도록 할 것인가? 〈넥스트 한류〉를 통해서 그 응전의 시초와 실마리를 찾을 수 있었습니다. 독자들의 많은 관심과 일독을 부탁드립니다.

이훈희 스타쉽엔터테인먼트 대표이사, 전 KBS 제작2본부장

차례

추천의 글	4
프롤로그 '지속가능한 한류'를 위한 해법을 제안합니다	12

제1장 성찰
: K-콘텐츠가 만든 한류의 현재

한류 트렌드 리뷰: 화려한 성과와 그 뒤의 논란들	24
한류 세계화는 디지털 미디어의 힘, 다음 단계는?	36
동남아시아 한류, 패러다임을 전환할 때다	49
고삼석의 인사이트 최인숙 TRA미디어 대표, "태국은 K-Wave를 닮은 T-Wave를 만들고 싶어 한다"	58
싱가포르에서 생각해 본 한류의 새로운 길	68
베트남 속 K타운, 그리고 한류의 미래	77
대만의 한류는 쇠퇴하고 있는가	85
한류와 아시아 콘텐츠 산업의 '공진화'는 가능한가	92
글로벌 기술 경쟁시대, 지역 미디어의 미래: MBC경남은 '어른 김장하'를 다시 만들 수 있을까?	98
당신의 가슴을 뛰게 할 '마법의 단어'가 있는가: 아프리카에서 꿈을 실현하는 청년들	110

제2장 전망과 비전
: K-엔터테크가 만들어 갈 한류의 미래

엔터테크 트렌드 리뷰: 콘텐츠 산업의 혁명적 변화를 이끈 기술들	124
엔터테인먼트와 테크놀로지의 결합이 만들 한류의 미래	134
글로벌 최대 콘텐츠 축제 사우스 바이 사우스웨스트SXSW: 테크놀로지와 결합으로 콘텐츠 영역 무한 확장	154
디즈니는 어떻게 세계적 콘텐츠 제국이 되었나: 창의적 스토리텔링과 혁신 기술의 결합	163
고삼석의 인사이트 SXSW 2025에서 살펴본 XR Experience의 미래	172
콘텐츠 산업의 지형을 바꿀 다섯 가지 기술 트렌드	187
CES 2025의 네 가지 첨단 기술 트렌드와 트럼프 2.0 시대 전망	200
CES 2025가 선택한 미디어와 콘텐츠 이슈들	217
'토종 OTT의 글로벌화'라는 담대한 비전이 필요하다	227
인공지능AI시대 K-콘텐츠 혁신 전략	235
에필로그 K-엔터테크로 '글로벌 문화강국 대한민국'을 꿈꿉니다	249
참고문헌	257

프롤로그

'지속가능한 한류'를 위한
해법을 제안합니다

"한류는 지속가능한가?"

1997년 K-드라마 '사랑이 뭐길래'가 중국에서 큰 인기를 얻으며 한류의 역사가 시작되었습니다. 그 이후 '겨울연가', '대장금' 등의 드라마가 아시아 전역에서 잇달아 성공을 거두며 한류 붐이 일어났습니다. 2000년대 중반부터는 동방신기, 소녀시대, 슈퍼주니어 등 아이돌 그룹들의 등장과 함께 K-팝이 아시아를 넘어 전 세계적으로 큰 인기를 얻기 시작했습니다. 2010년대 후반부터 최근까지는 유튜브, 넷플릭스 등 온라인 플랫폼을 통해 한국 드라마, 영화, 예능 프로그램 등이 전 세계 시청자들에게 동시에 소개되면서 한류의 확산은 더욱 빠르게 진행되고 있습니다. '한류는 21세기를 대표하는 글로벌 문화 현상'이라고 해도 지나친 표현은 아닙니다.

지난 30년 동안 드라마, 팝 등 K-콘텐츠를 기반으로 성장한 한류는 전 세계적으로 큰 성공을 거두었지만, 동시에 여러 가지

잠재적인 위협 요인들이 존재합니다. 이를 근거로 국내외 언론과 한류 전문가들은 종종 '한류 위기론', '피크peak 한류' 등의 문제를 제기합니다. 일부에서는 K-팝, 드라마 등 특정 장르에 편중된 한류 콘텐츠의 다양성 부족을 지적합니다. 문화적 차이로 인한 '반한류 정서'도 여전히 존재합니다. 태국, 대만 등 콘텐츠 산업 후발국들의 견제와 추격도 본격화되고 있습니다. 최근에는 넷플릭스, 유튜브 등 글로벌 스트리밍 플랫폼에 대한 지나친 의존으로 국내 콘텐츠 산업의 자생력이 약화되고, 생태계가 교란되고 있으며, 장기적으로 한류의 경쟁력이 약화될 것으로 예상합니다. 그래서 한류의 지속가능성을 해칠 수 있다는 우려가 나오고 있습니다.

물론 그동안 국내 콘텐츠업계는 창의성과 혁신성을 바탕으로 한류에 대한 견제와 우려를 불식시키면서 눈부시게 발전하고 성장해 왔습니다. 과거의 성공에 안주하여 변화하는 환경에 적응하지 못하거나, 성공에 도취되어 위험을 간과한다는, 이른바 '성공의 함정Success Trap'도 지금까지는 슬기롭게 건너왔습니다. 그럼에도 불구하고 앞서 언급한 이유에서 비롯된 '피크 한류'에 대한 우려는 여전히 사라지지 않고 있습니다. 오히려 최근에는 강화되는 분위기입니다. 콘텐츠업계 현장에서 만나는 많은 분들이 묻습니다. "앞으로도 한류가 지속가능할까요?" 공직을 떠난 이후 지난 몇 년 동안 나의 머릿속을 떠나지 않았던 한류의 미래에 대한 질문이 이 책을 쓰게 된 동기가 되었습니다.

"한류는 해외 수용자가 한국의 대중문화를 소비하는 현상이다"
한류가 전 세계로 확산되면서 한류 연구 또한 다양한 주제와 접근법을 중심으로 발전하고 있습니다. 과거에는 K-팝과 드라마를 중심으로 연구했다면, 최근에는 K-웹툰, 무비, 예능, 뷰티, 푸드 등 연구 범위가 훨씬 넓어졌습니다. 또한 초기에는 한류 탄생의 원동력이나 국내의 정책 및 산업적 토양에 대한 연구가 주를 이루었다면, 한류의 전 세계 확산과 함께 한류 팬덤의 소셜 미디어 활용이나 정치적 행동, 경제적 영향력 등도 연구되고 있습니다. 특히 한류가 각국의 문화와 결합하여 어떻게 변형되고 수용되는지에 대한 문화 혼종성Hybridity 연구나 현지화Localization 되는 과정에 대한 연구가 상당한 비중을 차지하고 있습니다. 바람직한 변화라고 생각합니다.

대학에 재직한 기간을 제외하고 '어쩌다 공무원'이 된 후 20년 가까이 콘텐츠와 미디어, 그리고 정보통신IT 정책과 행정을 담당하는 동안 가장 많이 들었던 소리는 "문제의 해답은 현장에 있다"라는 말입니다. 현장을 방문하여 직접 보고, 듣고, 느끼지 않으면 실효적인 해법을 찾거나 제시하는 것은 어렵습니다. 한마디로 아무리 좋은 정책도 탁상공론이 됩니다. 언론의 취재와 보도도 마찬가지입니다. '솔루션 저널리즘 Solution Journalism'이란 언론 용어가 있습니다. 사회 문제에 대한 단순한 비판이나 문제 제기에 그치지 않고, 문제 해결을 위한 다양한 시도와 그 결과를 심층적으로 분석하고 보도하는 저널리즘 방식을 말합니다. 솔루션 저널리즘을 제대로 구현하기 위해서는 현장 중심의 취재와 다양한 이해관계자의 의견 반영, 그리고 객관적인 증거와 데이터에 기반한 보도 등의 요건이 충족되어야 합니다. 솔루션 저널리즘의 기본은 바로 철저한 '현장 취재'입니다. 기자가 직접 발로 뛰면서 현장을 취재하고 보도해야 합니다. 현장을 모르는 기자가 훌륭한 기사를 쓸 수 없듯이 한류 현장을 모르는 연구자가 좋은 연구 결과물을 내놓을 수는 없습니다.

2023년 5월 중국 북경대학 방문학자 Visiting Scholar 프로그램 참여를 시작으로 미국과 대만, 태국·베트남·캄보디아 등 동남아시아 국가들을 중심으로 한류 현장을 찾아다녔습니다. CES, SXSW, TCCF, BCWW 같은 글로벌 IT 및 콘텐츠 박람회 참여는 물론, 현지에 있는 주요 대학들도 빼놓지 않고 방문했습니다. 또한 콘텐츠, 미디어, IT산업 현장을 방문하고 전문가들을 만나 산업 트렌드를 직접 보고, 듣고, 토론하면서 많은 것들을 느꼈습니다. 그때마다 여러 언론사의 칼럼과 '브런치스토리'의 글로 기록하여 많은 독자들과 나의 경험을 공유하였습니다. '글로벌 한류 견문록'을 쓴 셈이죠. 그 동안 썼던 글 중에서 몇 편 골라서 다듬고, 최근 다녀온 '세계 최대 콘텐츠 페스티벌'인 SXSW 2025를 소개하는 글을 포함한 주요 부분은 새롭게 추가하여 한류와 엔터테크(Entertainment & Technology, 이하 'EnterTech')를 주제로 이 책을 내놓게 되었습니다.

"한류의 미래는 엔터테크에 있다"

이 책은 크게 두 부분으로 구성되어 있습니다. 전반부는 '한류의 과거와 현재'입니다. 지난 30년 동안 한류가 걸어온 길을 살펴보면서 성과를 요약하고, 정부의 정책이나 콘텐츠 기업들의 전략 중 개선해야 할 점들을 찾아보는 등 '성찰'하는 내용의 글로 이야기를 시작했습니다. 한류의 현재는 해외 한류 현장을 직접 방문하여 보고, 듣고, 느낀 내용을 중심으로 정리하였습니다. 한류 관련 정책과 전략의 개선방안에 관한 제안도 빠뜨리지 않았습니다.

'한류의 중심지'인 대만과 태국, 베트남, 싱가포르 등 동남아시아 각국을 직접 방문하여 콘텐츠 기업 관계자들을 만났습니다. K-팝과 드라마 등 K-콘텐츠를 시작으로 뷰티, 푸드, 패션 등 한국의 문화를 사랑하는 수많은 현지인들을 직접 만나 얘기를 나눴습니다. 그들과 만날 때마다 한국인으로서 자부심과 함께 국제 사회에 대한 책임감도 크게 느꼈습니다. 한국콘텐츠진흥원 KOCCA의 현지 비즈니스센터는 낯선 방문객을 항상 반갑게 맞이해 주었고, 자세한 설명으로 한류 트렌드를 파악할 수 있도록 도와주었습니다. 책에 담아 놓은 내용을 읽어보면 현지의 한류 트렌드 파악은 물론, 콘텐츠 기업이나 한류를 활용하려는 기업 및 단체들의 해외 진출 전략 수립에도 분명 도움이 될 것입니다.

책의 후반부는 '한류의 미래'를 고민하는 내용의 글들로 구성하였습니다. 콘텐츠를 포함한 엔터테인먼트와 테크놀로지의 결합을 중심으로 한류의 미래를 고민하고, '지속가능한 한류'를 위해 무엇을, 어떻게 해야 할지 방안을 제시하였습니다. 생성형 인공지능AI을 비롯한 첨단 기술은 현대 사회의 전 분야에 걸쳐 엄청난 영향을 미치며, 혁명적인 변화를 일으키고 있습니다. 일하는 방식의 변화는 물론, 기존의 일자리를 없애기도 하고, 새로운 일자리를 만들기도 합니다. IT 기반 스마트 헬스Smart Health와 스마트 홈Smart Home, 그리고 스마트 시티Smart City 등은 우리의 일상생활과 도시의 공간을 근본적으로 바꾸고 있습니다.

생성형 AI는 특히 콘텐츠 산업에 광범위하고 혁신적인 변화를 초래하고 있습니다. 생성형 AI는 콘텐츠 제작 현장을 바꾸고 있으며, 누구나 쉽게 콘텐츠를 제작할 수 있도록 함으로써 '콘텐츠 제작 현장의 민주화'를 이루고 있다는 평가를 받고 있습니다. 가상현실VR이나 증강현실AR 등 확장현실XR 기술을 이용한 몰입형Immersive 콘텐츠는 이용자에게 새로운 경험을 제공하는 것은 물론, 콘텐츠의 영역을 크게 확장시키고 있습니다. 책의 후반부는 엔터와 테크의 결합, 즉 엔터테크로 만들어 갈 '한류의 미래'를 예측해 보고, 이와 관련된 최근 트렌드를 소개하였습니다. 우선 세계 최대 IT 전시회인 'CES 2024/2025'를 통해 본 IT 및 콘텐츠 기술의 트렌드를 살펴보고, 그것들이 콘텐츠 산업에 미치고 있는 영향을 분석하였습니다. 여기에 지난 3월 미국 텍사스 오스틴에서 열린 세계 최대 콘텐츠 축제 'SXSW 2025'에서 직접 확인한 콘텐츠 산업의 트렌드를 소개함으로써 한국의 콘텐츠 산업, 그리고 한류가 나아가야 할 방향을 제시하였습니다.

"청년들이 세계를 향해 보다 담대한 비전을 품기를…"

우리나라는 세계 최저 수준의 초저출산 사회이면서 초고령 사회에 빠르게 진입했습니다. 부모로부터 청년들의 정신적·경제적 독립과 자립이 늦어지면서 결혼과 출산 또한 늦어지거나 기피하고 있는 것이 원인입니다. 각종 여론조사 결과를 보면, 특히 우리나라 2030 세대는 자신들의 미래를 "어둡다"고 전망하는 의견이 압도적으로 높게 나옵니다. 흔히 "청년세대가 무너지면 나라가 무너진다"라고 합니다만, 지금 우리나라가 그런 상황에 놓여있는 것은 아닌지 걱정이 됩니다.

　반면, 많은 한류 콘텐츠들이 꿈을 향한 열정과 노력을 강조하며, 청년들에게 긍정적인 메시지와 희망을 전달합니다. 특히 BTS, 블랙핑크를 비롯한 아이돌 그룹의 성장 스토리는 힘든 과정을 극복하고 꿈을 이루는 모습을 보여줌으로써 많은 청년들에게 용기와 영감을 제공합니다. 이러한 긍정 메시지는 현실에서 어려움을 겪고 좌절하는 청년들에게 위로와 격려를 주고, 새로운 희망을 품게 합니다. 언론을 통해서 일상적으로 소개되고 있는 '리얼 스토리'이고, 해외에서 만난 K-콘텐츠 이용자들, 특히 청년들로부터 내가 직접 들은 그들의 경험담입니다. 이것이 내가 한류의 지속가능성을 끊임없이 고민하는 이유 중 하나입니다. 지속가능성을 넘어 'K-콘텐츠와 한류의 역할은 무엇인가'라는 보다 근본적인 질문의 답을 찾기 위해 노력했습니다.

　대학 안팎에서 청년들을 만날 때마다 나는 "현실이 아무리 어렵더라도 좌절하지 말고, 오히려 보다 높고 큰 꿈을 품고 도전하라"는 얘기를 합니다. 큰 꿈을 품고 도전하는 것이야말로 청년들의 특권입니다. 현실을 이유로 꿈을 꾸지 않고, 도전하지 않는 청년은 청년이 아닙니다. 나는 청년들에게 말보다는 행동으로 나의 꿈과 도전 정신을 보여주기 위해 직접 전 세계를 돌아다녔고,

그러한 경험을 이 책에 담기 위해 노력했습니다. 독자들, 그 중에서도 특히 청년들이 책의 행간에서 그런 저자의 메시지를 찾아내고, 삶에 자극을 주는 긍정적인 소재로 삼는다면 좋겠습니다. 미래와 세계를 향해 보다 큰 꿈과 비전을 가슴에 품고 과감하게 도전한다면 이 책을 쓴 목적을 어느 정도 달성하였다고 할 것입니다.

앞부분에서 밝혔듯이, 이 책은 지난 2년 동안 내가 전 세계 콘텐츠(한류) 및 미디어, 그리고 IT 현장을 다니면서 직접 보고, 듣고, 느꼈던 내용을 정리한 글로 구성하였습니다. 일부는 기존 언론에 발표한 칼럼, 브런치스토리에 올린 글을 고르고 수정하여 실었고, 주요 부분들은 새롭게 썼습니다. 글을 쓰면서 아이디어를 얻거나 논거를 빌려온 자료는 참고자료 목록에 별도로 정리하였습니다. 혹시 누락된 참고자료가 있다면 전적으로 저자의 게으름 탓이라 생각하시고 양해를 부탁드립니다.

마지막으로 졸고의 출간을 흔쾌히 결정해 준 새빛출판사의 전익균 대표님께 감사드립니다. 책을 만드느라 수고한 편집진에게도 감사드립니다. 지난 2년 동안 가족 외에 가장 많은 시간을 함께 보낸 한정훈 K엔터테크허브 대표에게 감사의 말을 전합니다. 20년 경력의 미디어 및 콘텐츠 전문기자로서 메이저 언론사

기자의 편안함을 버리고 험난한 창업자의 길로 나선 그가 더욱 잘 되고, 콘텐츠 산업의 발전을 위해 많은 역할하기를 기대하고 응원합니다.

다 큰 자식이 강건하도록 매일 간절하게 기도하고 있는 어머니께 사랑한다는 말과 함께 감사의 말씀을 드립니다. 1년 8개월 전 사랑하는 어머니를 홀로 남겨두고 하늘나라로 먼저 가신 아버지의 영전에 존경의 마음을 담아서 이 책을 바칩니다. 또한 내 삶의 존재 이유인 사랑하는 아내, 딸, 아들에게 사랑하고 고맙다는 말을 꼭 들려주고 싶습니다. 늘 함께하는 '순천 가족'에게도 특별한 감사의 마음을 전합니다. 가족들의 헌신적인 사랑이 있었기 때문에 이 책도 나올 수 있었습니다. 추천사로 책의 발간을 축하해준 박양우 전 문화체육관광부 장관님, 민경중 ㈜코아스 대표님, 정길화 동국대학교 한류융합학술원 원장님, 이훈희 스타쉽엔터테인먼트 대표님께 감사 말씀을 드립니다. 그리고 이 책을 선택해 주신 모든 독자들께 진심으로 감사드립니다.

제1장

성찰

: K-콘텐츠가 만든 한류의 현재

한류 트렌드 리뷰:
화려한 성과와 그 뒤의 논란들

대한민국 대표 브랜드
K-콘텐츠

한류Hallyu: Korean Wave는 대한민국의 드라마, 가요 등 대중문화를 포함한 한국과 관련된 것들이 대한민국 이외의 나라에서 인기를 얻는 현상을 말한다. 한류라는 단어는 1990년대 후반부터 대한민국 대중문화의 영향력이 중국을 비롯한 아시아권에서 급성장하는 현상을 설명하기 위해 중국 언론 매체가 처음 사용하기 시작하였다. 일부 연구자들 사이에서는 대만 언론이 '한류 열풍 Korean Wave Fever'이라고 표현한 것에서 유래했다는 설도 거론되고 있다.

10여년 전 영국 BBC는 "한류가 삼성을 대체할 한국의 국가 브랜드가 될 것"이라고 예측한 바 있다. K-팝 등 한류 콘텐츠가 한국의 국가 이미지를 강화시키고 수출품의 이미지를 높이면서 국가 경쟁력의 원천이 되고 있으며, 일본 및 중국의 문화 외에 한국의 문화가 세계인들의 새로운 선택지로 부상하고 있다고 분석하였다.

영국 BBC의 예측에 부응이라도 하듯 2000년 전후 K-드라마를 시작으로 불기 시작한 한류 열풍은 K-팝과 영화 등의 맹활약으로 20년 후 세계 문화의 중심에 우뚝 섰다. 세계적 스타로 부상한 아이돌 그룹 BTS는 2020년 9월 한국 가수로는 최초로 미국 빌보드 메인 싱글 차트 핫100 정상에 올랐다. 이에 앞서 열린 MTV 비디오 뮤직 어워즈에서도 4관왕에 올라 K팝의 역사를 새롭게 썼다. 영국 BBC 방송은 BTS를 '21세기 비틀스'로 불렀다. 2020년 봉준호 감독의 영화 '기생충'은 미국 아카데미 시상식에서 작품·감독·국제영화·각본의 네 개 부문에서 상을 받았다. BTS의 빌보드 차트 정상 정복과 영화 '기생충'의 아카데미상 수상은 한국의 콘텐츠가 아시아를 벗어나 세계 문화의 주류 시장에서 인정받았다는 것을 상징하는 사례로 역사에 기록되었다.

문화관광체육부 산하기관인 한국국제문화교류진흥원KOFICE은 해외 주요 국가의 한류 경험자를 대상으로 한류 콘텐츠 이용 현황과 인식을 매년 조사하여 한류 확산 수준을 추적·비교하고 있다. KOFICE가 발표한 〈2024년 해외 한류 실태조사〉 보고서를 보면, "한국 하면 가장 먼저 떠오르는 이미지는 무엇이냐"는 질문에 응답자들은 K-팝, 한국 음식, 드라마 순으로 꼽았다. 특히 여성 응답자들은 K-팝과 드라마, 한류스타를 한국의 대표 이미지라고 응답하였다. 과거 한국을 상징했던 북한, 북핵, 분단, 한국전쟁 등 부정적 이미지는 뒷순위로 밀리거나 순위 밖으로 사라지고 K-콘텐츠가 상위권을 차지하였다. K-콘텐츠가 대한민국을 대표하는 '국가 브랜드'로 자리를 잡았다고 해도 과언이 아니다.

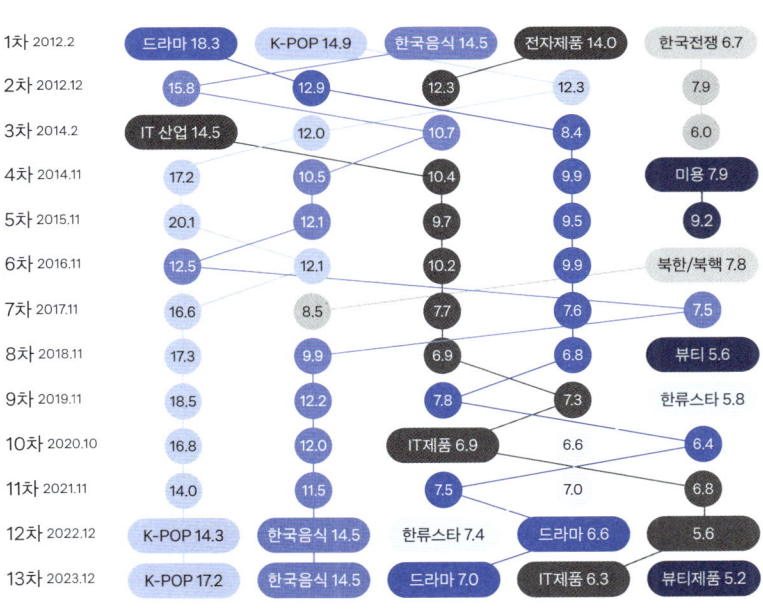

한국 연상 이미지 연도별 비교

BASE: 전체, 단위: 1순위 %

출처: 한국국제문화교류진흥원 (2024)

콘텐츠 수입국에서
수출국으로 빠르게 성장

'국가 이미지 제고' 외에 지난 20여년 동안 한류가 이룬 가장 크고 직접적인 성과는 무엇일까? 아마도 드라마, 가요(음악) 등 문화 콘텐츠 상품의 해외 수출액일 것이다. 한류 초기인 2000년 약 5억 7천만 달러에 불과했던 콘텐츠 수출액은 지난해 141억 6,500만 달러로 무려 25배나 급증하였다. 한류 콘텐츠 중 주력이라고 할 수 있는 방송 콘텐츠와 음악의 수출액은 2000년 각각 1천3백만 달러와 약 8백만 달러에 불과했으나, 2022년에는 각각 9억 4,800억 달러와 9억 2,766억 달러로 급증하였다. 음악 콘텐츠만 놓고 보면 해외 수출액 규모가 22년만에 116배나 증가하였다.

한국콘텐츠진흥원이 발표한 〈2023 콘텐츠산업백서 연차보고서〉에 따르면 2022년도 콘텐츠 산업 지역별 수출액 현황을 보면 중화권이 45억 7,910만 달러(36.9%)로 가장 큰 비중을 차지하였고, 일본이 22억 7,460만 달러(18.3%), 그리고 동남아시아가 18억 8,265만 달러(15.2%)로 뒤를 이었다. 중화권, 일본, 동남아시아 등 아시아권 수출액을 합쳐보면 전체 콘텐츠 수출액의 70.4%를 차지한 것으로 나타났다.

글로벌 OTT 시장에서 한국 콘텐츠가 보여준 실적도 인상적이다. 2021년 넷플릭스에서 공개된 '오징어게임 시즌1'은 출시 이후 91일 이내 22억 시간 이상의 시청시간을 기록하여 현재까지도 비영어권 TV 드라마 1위를 유지하고 있다. 넷플릭스가 공개한 '2024년 상반기 넷플릭스 시청 현황 보고서'(인게이지먼트 리포트)에 따르면 가장 인기 있었던 '비영어권 시리즈 10편'에 '눈물의 여왕', '기생수: 더 그레이', '마이 데몬' 등 3편의 한국 드라마가 포함되어 한국 콘텐츠의 세계적 위상을 확인시켜 주었다.

2025년도 대한민국 콘텐츠 수출 전망 "어둡다"

K-콘텐츠를 중심으로 거두고 있는 한류의 성과는 앞으로도 계속될 수 있을까? 문화관광체육부와 한국콘텐츠진흥원이 2024년 12월 18일 발표한 '2025년도 대한민국 수출 전망 보고서'에 따르면 "2025년도 방송은 수출이 매우 흐릴 것으로 전망된다"라고 밝혔다. 이번 조사에 참여한 콘텐츠 산업 현장 전문가 167명은 방송 콘텐츠 수출 전망에 대한 척도 평가에서 7점 만점에 2.9점을 부여하였다. 조사 대상인 9개 콘텐츠 산업 중 가장 낮은 점수를 받았다.

보고서는 국내 드라마 제작비가 크게 상승해 수출 시장에서 가격 경쟁력이 떨어지고, 글로벌 OTT 플랫폼에 대한 의존도가 심각한 것이 주요 원인이라고 분석하였다. 또한 광고시장 침체로 방송사의 드라마 편성이 줄어들면서 일부 대형 OTT 플랫폼을 제외한 해외 방송 미디어가 구매할 수 있는 한국 드라마가 부족한 것도 문제점으로 지적하였다. 반면 조사 대상 콘텐츠 산업 중 가장 높은 점수(5.5점)를 받은 음악 콘텐츠는 수출 전망이 밝은 것으로 조사되었다.

한류에 대한 해외 이용자들의 부정적 인식 증가

KOFICE가 발표한 〈2024년 해외 한류 실태조사〉 보고서를 보면, 26개국 한류 경험자 10명 중 7명(68.8%)은 "한국 콘텐츠가 전반적으로 마음에 든다"고 답하였다. 그러나 한류에 대한 '부정적 인식 동의 여부'를 묻는 질문에 32.6%가 "동의한다"고 답을 하였다. 이는 전년 대비 5.5% 증가한 수치로, 연령별로는 20대(37.1%), 국가별로는 사우디아라비아(54.0%), 이집트(54.0%), 말레이시아(45.8%)에서 부정적인 인식이 높게 조사되었다. 한류에 대한 부정 인식은 매년 등락은 있으나 동의율이 2019년 26.8%에서 2023년 32.6%

로 증가한 점은 주목해야 할 대목이다.

　KOFICE 연구팀은 "대체로 한류에 대한 대중적 인기가 20대에서 관찰된다는 점, 한류 대중화의 핵심 지역 중 하나로 말레이시아가 손꼽힌다는 점, 나아가 타 문화권에 대한 문화적 차이Gap가 없지 않다는 점 등으로 인해 한류 인기와 대중화에 비례해 부정 인식 수치도 늘어난 것으로 볼 수 있다"고 분석하였다.

한류 부정적 인식에 대한 동의 이유: 2018년과 2023년 비교

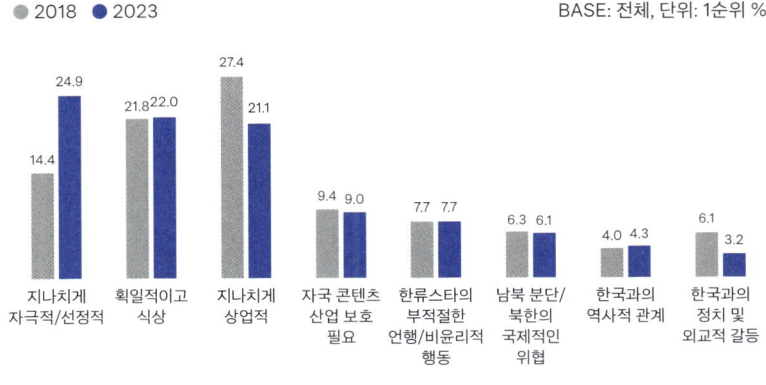

출처: 한국국제문화교류진흥원(2024)

　보고서에 따르면 한류에 대한 부정 인식 공감의 이유로는 '지나치게 자극적이고 선정적'(24.9%), '획일적이고 식상함'(22.0%), '지나치게 상업적'(21.1%) 순으로 조사되었다. 주로 콘텐츠 내용에 대한 부정적 인식이나 품질에 대한 문제 지적으로 볼 수 있다. 반면 중장년층에서는 역사나 정치 등의 요인을 이유로 한류에 대해 부정적 인식을 하는 비중이 높게 나타났다.

'문화 교류와 동반 성장'에서 '수출 중심'으로 정부의 한류 정책도 퇴행

2019년 초 한국콘텐츠진흥원은 '한류의 패러다임 전환을 위한 신한류 확산 전략 연구'라는 제목의 보고서를 발표하였다. 연구진들은 연구 목적으로 "한류의 경제적인 가치에만 집중하는 상업주의와 한류의 일방적인 현지 진출을 강조하는 자민족중심적인 시각으로 인해 반한류 정서 등 한류 확산에 대한 해외의 부정적인 인식이 증가하고 있다. 지속가능한 한류를 만들어 나가기 위해 공격적인 수출 전략에 치중된 기존 한류의 개념과 방향성을 바꿀 필요가 있다"고 지적하였다.

이 보고서는 한류 발전 과정에 대한 성찰과 한류 현황 분석을 바탕으로 한류의 미래 가치를 '신한류 New Korean Wave'로 개념화하고 신한류 확산의 정책 방향 수립을 위한 로드맵을 제시하였다. 이를 통해 "현지의 새로운 창작문화 정착과 문화다양성 제고, 연관 산업의 동반성장에 기여하는 방향으로, 세계인의 일상 속 한류의 향유·소비를 증진하는데 기여할 수 있는 방안을 제시"하였다. 당시 문재인 정부는 정책보고서에서 제안된 내용을 그대로 수용하여 정부의 한류 정책 기조를 크게 전환하였다.

그런데 2022년 5월 출범한 윤석열 정부는 한류 정책의 최고 목표를 'K-콘텐츠 및 연관 산업 수출'로 단순화시켜 버렸다. 그리고 K-콘텐츠 산업을 우리 경제의 새로운 성장 동력, 국가전략산업으로 육성하겠다는 정책을 잇달아 발표하였다. K-콘텐츠를 중심으로 한 한류 관련 정책의 기조가 과거로 돌아갔고, 그 자체로 커다란 정책적 퇴행이었다. 물론 국내외 경제가 악화되는 가운데 K-콘텐츠를 우리 경제의 새로운 성장 동력으로 삼고, 그래서 이것을 국가전략산업으로 육성한다는 정책 목표나 전략을 나쁘다고 비난만 할 수는 없다.

그러나 K-콘텐츠 또는 한류를 국가 주도 수출산업으로 정부가 전면에 나서서 일일이 챙기고 정책 드라이브를 강하게 거는 것은 결코 바람직하지 않다. 1980년대 제조업 육성 시대, 산업화 시대의 정책 패러다임이다. 이러한 정부 정책에 대해 외국 정부나 해외 한류 이용자들은 어떻게 볼까? 거부감을 느끼지는 않을까?

이런 정책으로 한류가 지속가능하겠는가? 라는 문제를 제기하지 않을 수 없다. 당연히 질문해야 한다.

한류, 글로벌 주류 문화가 되었는가?

K-콘텐츠의 전 세계적인 빠른 확산을 바탕으로 한류는 미국이나 유럽의 문화처럼 글로벌의 '주류 문화'가 된 것일까? BTS의 미국 빌보드 차트 정상 정복, '기생충'을 비롯한 우리 영화들의 국제영화제 수상, OTT 시장에서 '오징어게임'의 대흥행에도 불구하고 "한류가 글로벌 무대에서 주류 문화로 자리를 잡았다"라고 보는 전문가들이 다수를 차지하고 있는 것은 아니다.

물론 넷플릭스 오리지널 '오징어게임'이 전 세계적 관심을 받던 2021년 영국의 '더타임스'는 "한류! 한국 문화는 어떻게 세계를 정복했나"라는 제목의 기사를 통해 K-콘텐츠가 세계를 '정복'했다는 표현을 사용한 경우도 있다. 그러나 특정 K-콘텐츠가 "세계를 정복했다"라고 표현하는 것과 한류가 세계 속 주류 문화로 자리 잡았는지는 별개로 판단해야 할 문제이다. 오히려 글로벌 콘텐츠 시장에서 K-콘텐츠는 틈새niche 콘텐츠로서 인기를 얻어 가고 있는 것으로 보아야 하고, 미국 콘텐츠 혹은 문화와 비교했을 때 아직 주류의 위치를 차지한 것은 아니라고 보는 것이 냉정한 평가일 것이다. 이것은 결코 한류의 성과를 평가절하하는 것이 아니다. 지금 한류가 서 있는 위치를 정확하게 파악해야 앞으로 갈 방향과 목표 설정이 가능하다고 생각한다.

한국학 전문가인 미국 브리검영대학 마크 피터슨Mark Peterson 교수는 한 언론과의 인터뷰에서 "주류의 정의는 늘 변한다. BTS의 성공으로 미국 주류 대중음악에 K-팝적인 요소가 발견되는 건 사실이지만, 미래에는 또 어떤 힘이 지배할지 모른다. 일단 이 분위기를 즐길 필요가 있다"라고 강조하였다. 개인적으로 한류가 글로벌의 진정한 주류 문화로 자리잡기를 누구보다 바라고 있다. 그래서 우리나라가 세계인들의 존경을 받는 포용적이면서 품격 있는 '문화 강국', '콘텐츠 강국'이 되기를 소망한다.

한류 세계화는 디지털 미디어의 힘, 다음 단계는?

미디어는 메시지다!
"한류는 미디어 문화 현상"

전통적인 미디어 효과 이론에서 대중에게 영향을 미치는 것은 미디어를 통해 전달되는 '메시지'라고 보는 것이 통설이다. 정도의 차이는 있으나 과녁에 총알을 쏘듯이 미디어에 노출된 이용자는 미디어가 전달하는 메시지를 수용하여 반응을 보인다는 것이 미디어 효과 이론의 요지이다.

그러나 언론학의 고전이 된 〈미디어의 이해〉를 쓴 마샬 매클루언Mashall McLuhan은 이런 통설을 뒤집었다. 그는 미디어가 단순히 내용Content을 전달하는 기기가 아닌 미디어 자체가 하나의 내용, 즉 메시지라고 주장하였다. 미디어의 내용은 그것을 전달하는 미디어의 기술과 분리해서 생각할 수 없다는 것이 그가 말하는 주장의 핵심이다. '테크놀로지의 매체성'을 중심으로 분석한 매클루언의 이러한 통찰은 언론학뿐만 아니라 사회학과 역사학, 철학 분야에서도 주목을 받았다. 실제로 인쇄기의 발명과 영화, TV와 같은 전기 미디어의 발명, 그리고 컴퓨터PC와 스마트폰 같은 첨단 기기의 발명 및 이용 확산은 그것이 전달하는 내용(콘텐츠)과 별개로 엄청난 충격을 주면서 이용자들의 인식과 사회경제 변화를 이끌어 왔다. 따라서 미디어의 변화, 발전이라는 관점에서 한류의 전개 과정을 살펴보는 것도 필요하다.

한류는 미디어의 매개가 확산에 핵심적 영향을 미친 일종의 '미디어 문화 현상'이다. 한류 전문 연구자인 홍석경 서울대 언론정보학과 교수는 "한류가 전파 현상이 아닌 수용자에 의한 수용 현상"이며, 이 과정에서 "미디어의 매개가 확산에 핵심적인 영향을 미친 문화 현상"이라고 강조하였다. 홍 교수는 한류 현상 속 언어, 뷰티, 패션, 여행 등 다른 분야 모두 미디어의 재현을 통해 촉발된 소비 욕구들이라고 분석하였다. 이러한 시각으로 한류 확산 현상을 보면, 지상파방송을 통해서 제작되고 유통된 드라마에서 시작된 한류는 디지털 플랫폼, 소셜 미디어SNS와 OTT 서비스 등 다양한 미디어 채널들을 통해 글로벌 시장에 소개되고, 이용자들과 상호작용을 통해 소비를 촉진하면서 급속하게 확산되었다고 할 수 있다.

홍 교수의 분석에 기초하여 한류의 확산 과정을 미디어의 발전에 맞춰서 살펴보면 대략 3단계로 나눠서 볼 수 있다. 각 단계는 단절되거나 대체된 것이 아니라 일정 정도 중첩된 상태에서 한류가 확장되고 계속 발전해 왔다. 첫 번째 단계는 1990년대 후반 국내 지상파방송사들이 제작한 드라마가 중국 지상파방송에 소개되면서 한류 현상이 시작되었다. 두 번째 단계는 2000년대 초반 온라인 포털, 소셜 미디어를 기반으로 특정 연기자와 아티스트들에 대한 팬덤이 형성되면서 한류가 글로벌로 확산되기 시작하였다. 세 번째 단계는 글로벌 OTT 넷플릭스가 국내에 진출

글로벌 문화자본으로서 한류의 성장 및 성숙 단계

구분	1단계	2단계	3단계	4단계
개시 년도	1997	2003	2010	2017
팬덤 지역	중국, 동남아	일본, 중동, 남미 확산	북미와 유럽 진입	글로벌 팬덤 구축
주도 분야	드라마, K-pop	드라마, 영화	K-pop	K-pop, 드라마, 영화
대표 콘텐츠	사랑이 뭐길래, 별은 내 가슴에	겨울연가, 대장금, 주몽	도깨비, 별에서 온 그대	사랑의 불시착, 오징어 게임
	H.O.T.	보아, 동방신기	원더걸스, 빅뱅, 2NE1	BTS, 블랙핑크
	엽기적인 그녀	올드보이	부산행	기생충
구분 기준	최초의 해외 팬덤 형성	최초의 선진국 팬덤 형성	구미주 팬덤 형성 및 K-pop 젊은 팬덤의 프로슈머화	글로벌 팬덤 네트워킹 및 장르 간 시너지
문화 자본 성격	지역(Regional) 문화자본: 중국과 동남아 등 동아시아에서 통용되는 문화자본	대륙(Cotinental) 문화자본: 아시아 전체를 아우르면서 타 대륙에도 소개되는 문화자본	대륙 간(Inter-Cotinental) 문화자본: 대륙을 가로질러 진지한 향유와 비평의 대상으로 간주되기 시작한 문화자본	글로벌(Global) 문화자본: 글로벌 문화산업 시장의 주류에 진입한 문화자본

출처: 정종은 (2023)

한 2016년을 기점으로 한류 콘텐츠가 글로벌 무대에서 각광을 받기 시작하였다. 이와 함께 K-팝 최초 BTS의 미국 빌보드 핫 100 차트 1위(2020), 영화 '기생충'의 아카데미 작품상 수상(2020), 오징어게임(2021) 등 한국의 대중음악, 영화, 드라마가 잇달아 세계인들로부터 큰 사랑을 받으면서 한류가 새로운 단계로 도약, 발전하였다.

한류 1단계, 지상파방송과 한류의 태동

1997년 6월 15일 MBC가 제작한 드라마 '사랑이 뭐길래'가 중국 CCTV1을 통해서 중국 시청자들에게 최초로 소개가 되었다. 이 날 첫 방송의 시청률은 4.2%를 기록하였다. 한류의 시작이었다. 2013년 문화체육관광부가 발표한 〈한류백서〉는 "문화교류가 활발하지 않았던 중국에서 한국 드라마가 인기를 끌며 미지의 세계를 개척했다"라고 평가했다. 또 '사랑이 뭐길래' 방송 이후 중국에서 한국 드라마는 물론 가요도 인기를 얻으며 한류 콘텐츠의 다양화가 이뤄졌다는 점에서 '사랑이 뭐길래'의 인기를 한류의 출발점이라고 소개하였다.

여기에서 알 수 있듯이 지난 30년간 KBS, MBC, SBS 등 지상파방송 3사는 K-드라마와 예능, 팝 등 다양한 콘텐츠를 제작하여 '한류의 세계화'에 핵심적인 역할을 수행하였다. '사랑이 뭐길래'의 뒤를 이어서 한류팬들의 사랑을 받은 '대장금', '겨울연가', '별에서 온 그대' 등 K-드라마는 해외로 수출되기 전에 지상파방송을 통해 국내에서 커다란 인기를 끌었다는 공통점이 있다. 또한 '런닝맨', '무한도전', '꽃보다 할배' 등 다양한 포맷의 예능 프로그램을 제작하여 해외 시청자들에게 한국 콘텐츠의 재미와 독창성을 알린 것도 한류 확산에 주효했다. 여기에서 더 나아가 예능 프로그램의 포맷을 해외에 수출하거나 공동 제작하여 한류 예능의 세계적 확산에 기여하였다.

한류 1단계에서는 한류 콘텐츠의 생산 및 유통을 지상파방송, 케이블TV, 위성방송 등 전통적인 미디어가 담당했다는 특징이 있다. 한국뿐만 아니라 한류의 주 소비 지역인 아시아 국가들 또한 정보화 초기 단계로 PC와 인터넷의 보급 및 이용이 아직 일반화되기 전 시기였기 때문에 한류 콘텐츠 소비는 주로 전통적인 미디어에 의해 이루어졌다. 이 시기에는 미디어(크리에이터)와 이용자 간, 그리고 이용자 상호 간 소통이 제한적이었기 때문에 콘텐츠 소비에 따른 영향 또한 제한적으로 나타났다.

한류 2단계,
소셜 미디어와 한류의 확산

네이버나 구글 등 인터넷 포털 및 유튜브, 페이스북 등 소셜 미디어의 등장과 한류의 확산은 떼려야 뗄 수 없는 관계이다. 2000년 초반 인터넷 포털은 한류 콘텐츠를 전 세계에 알리고 확산시키는 데 핵심적인 역할을 수행하였다. 또한 한류 콘텐츠는 인터넷 포털의 트래픽과 영향력을 증대시키는데 크게 기여하였다. 인터넷 포털은 한류 관련 뉴스, 드라마, 음악, 영화 등 다양한 정보를 제공하며 전 세계 한류 팬들의 접근성을 획기적으로 높였다. 실시간 스트리밍 서비스와 VOD 서비스 등을 통해서 시간과 장소에 제약 없이 한류 콘텐츠를 소비할 수 있는 환경을 이용자들에게 제공하였다.

한류의 확산 과정에서 인터넷 포털의 가장 큰 기여는 팬덤의 형성이다. 인터넷 카페, 팬카페 등을 통해 한류 팬들 간의 소통과 교류를 지원하고, 팬덤 형성에 크게 기여하였다. 온라인 팬미팅이나 콘서트 스트리밍 서비스 등 다양한 이벤트를 통해 팬들과 스타 간의 소통을 증진시키고, 드라마 연기자들이나 K-팝 아티스트들과 유대감을 강화시켰다. 이외에도 인터넷 포털과 소셜 미디어는 다국어 지원, 번역 서비스 등을 통해 한류 콘텐츠의 문화

장벽을 낮추고, 글로벌 확산을 지원하였다. 온라인 광고나 프로모션 등을 통해 한류 콘텐츠를 홍보하고, 새로운 팬층을 확보하는데도 큰 역할을 하였다.

물론 한류 콘텐츠는 온라인 플랫폼과 소셜 미디어 발전에도 큰 영향을 끼쳤다. 먼저 한류 콘텐츠에 대한 높은 관심은 인터넷 포털의 트래픽을 증대시키고, 플랫폼의 영향력을 강화시켰다. 특히 K-드라마, K-팝 등 인기 콘텐츠는 전 세계적인 검색량 및 이용량 증가를 유발시켰다. 한류의 인기는 인터넷 포털의 플랫폼 다양화와 콘텐츠 장르의 확장을 이끌었다. 웹툰, 웹소설, 게임 등 다양한 형태의 한류 콘텐츠가 인터넷 포털을 통해서 유통되고 소비되는데도 기여하였다.

한국콘텐츠진흥원 분석에 따르면 이 시기 전통적인 한류 소비 시장인 동아시아에서는 한류가 일시적인 붐을 지나 사회 일반에 정착되는 단계에 접어들게 되었다. 동시에 2012년 싸이PSY의 '강남스타일'의 인기를 계기로 동아시아 외의 지역에서 한류 콘텐츠에 대한 관심이 크게 상승했으며, 현지팬을 중심으로 전 세계 다양한 지역으로 한류가 확산되기 시작하였다. 디지털 미디어의 발전, 그리고 '강남스타일'의 신드롬을 발판 삼아서 한류 콘텐츠는 전 세계로 확산되는 대전환기를 맞이하였다.

한류 3단계,
넷플릭스의 상륙과 한류의 세계화

연구자에 따라서 정확한 시점에 대해서는 약간의 차이는 있으나 2016년 넷플릭스의 한국 상륙 이후, 특히 2018년 BTS가 미국 빌보드 핫 100의 첫 10위권 진입을 시작으로 한류는 전 세계적인 관심과 더불어 동남아시아를 비롯한 일부 지역에서는 팬 중심 문화에서 벗어나 사회 일반 문화로 흡수되는 모습을 보이기 시작하였다. 특히 '코로나 팬데믹' 시기를 거치면서 넷플릭스의 성장과 함께 한류 콘텐츠에 대한 전 세계 이용자들의 소비는 폭발적으로 증가하였다.

실제로 한국국제문화교류진흥원KOFICE이 발표한 '글로벌 한류 트렌드 2021' 보고서에 따르면 코로나 팬데믹 이후 한국 콘텐츠 소비가 전 세계에서 증가하면서 한국 문화에 대한 호감도도 크게 높아졌다. 이 보고서는 KOFICE가 발표한 '해외한류실태'와 '한류의 경제적 파급 효과 연구'를 기반으로 18개국 8,500명의 해외 한류 소비자 조사 결과와 한류 콘텐츠 수출 통계 자료 연구를 활용해 작성하였다.

2019년 조사에서는 한국 문화에 대한 호감도가 70%가 넘었던 장르는 드라마, 예능, 음식, 영화, 뷰티 등 5개 콘텐츠 분야였다. 그러나 2020년 조사에서는 한국 호감도가 70%를 넘는 장르가 10개로 늘어났다. 아시아와 오세아니아에서는 예능, 영화, 드라마에 대한 호감도가 높은 것으로 나타났다. 미주는 드라마, 음식, 뷰티 그리고 유럽은 음식, 뷰티, 중동은 영화, 아프리카는 드라마에 대한 호감도가 상대적으로 높게 나타났다. KOFICE는 "코로나19로 영상 콘텐츠(드라마·예능)와 게임이 오프라인 콘서트 중단이라는 직격탄을 맞은 음악산업의 손실을 보전하고 남을 만큼 큰 폭으로 성장했다"며 "이는 비대면, 집콕(가정) 소비 보편화와 글로벌 OTT 유통망 확산의 수혜를 입은 덕분이다"라고 분석하였다. 특히 글로벌 OTT 넷플릭스로 유통된 영상 콘텐츠가 이용률을 대폭 확장시킨 것으로 조사되었다.

빛이 있으면 그림자가 있는 법이다. 2021년 9월 17일 넷플릭스를 통해 전 세계 공개된 '오징어게임 시즌1'은 공개 후 28일 동안 1억 1,100만 계정이 시청해 넷플릭스 역사상 가장 성공한 드라마로 기록되었다. 또한 전 세계 94개국에서 넷플릭스 톱10 순위 1위를 차지하여 전 세계적인 흥행작이 되었다. 그러나 약 250억원의 제작비를 투입한 '오징어게임 시즌1'이 약 1조원의 수익을, 제작비 약 1,000억원을 투입한 '오징어게임 시즌2'가 약 1.5조원의 수익을 창출한 것으로 알려지면서 한국 콘텐츠 시장의 '넷플릭스 종속론'에 불을 질렀다. 미국 정치매체 악시오스는 지난 2022년 11월 패럿애널리틱스를 인용해 "오징어게임 시리즈가 추가 시즌을 통해 2027년까지 누적 수익이 20억 달러(약 2조 9,000억원)가 넘을 것"이라고 추산했다. 넷플릭스는 "구독형 서비스에서 한 작품의 수익을 산정하는 것은 불가능하다"고 반박을 하고 있으나 넷플릭스와 국내 제작사 간 수익 배분을 둘러싼 논란, 그리고 국내 제작사들의 넷플릭스 종속 논란은 오히려 가열되고 있다.

국내 콘텐츠 생태계의 황폐화, 한류는 지속가능한가?

'애프터 넷플릭스' 저자 조영신 박사는 "오징어게임이 전 세계 1위를 기록하면서 마치 한국 영상 콘텐츠가 세계 주류 시장이 된 것처럼 착각하고 있다"며 "한국 콘텐츠의 현실을 냉정하게 파악하는 것이 넷플릭스가 가져온 미디어 변화 환경에 대응할 수 있는 첫걸음"이라고 지적하였다. 넷플릭스가 한국 드라마의 세계화, 한류의 확산에 크게 기여한 것은 사실이지만, 국내 콘텐츠 산업의 넷플릭스에 대한 의존도를 높이고, 제작사들의 자생력도 약화되는 등 제작 현장은 황폐화되었다는 비판이 뒤따르고 있다. 무엇보다 넷플릭스가 디즈니+, 웨이브, 티빙 등 국내외 OTT들의 도전을 물리치고 국내 OTT 플랫폼 시장에서 독점적 지위를 확보함으로써 향후 넷플릭스가 막강한 자본력과 유통력으로 국내 콘텐츠 시장을 쥐고 흔드는 구조가 당분간 고착될 가능성이 높다. 이러한 국내 콘텐츠 산업의 구조하에서 한류는 지속가능할까?

넷플릭스로 대표되는 글로벌 OTT의 국내 시장 장악과 국내 제작사들의 제작비 의존도 심화는 문제의 일부분에 불과하다. 한류를 끌어왔던 지상파방송의 쇠락은 문제의 원인이자 결과라고 할 수도 있다. OTT 중심으로 콘텐츠 소비 환경이 급변하면서 지상파방송의 영향력은 크게 감소하였고, 새로운 수익 모델 창출에도 어려움을 겪고 있다. 높은 제작비와 치열한 경쟁 속에서 제작사들의 수익성이 악화되고, 창작 인력의 처우 문제도 개선될 기미를 보이지 않고 있다. 일부 인기 IP에 대한 의존도가 높아지면서 콘텐츠의 다양성이 부족해지고, 새로운 시도가 위축되는 악순환도 계속되고 있다. 국내 콘텐츠 생태계가 건강성을 회복하지 못하고, 콘텐츠의 다양성이 확보되지 않는다면 한류의 지속적인 성장은 한계에 직면하게 될 것이다.

물론 한류의 지속가능성에 대한 우려를 나타내는 '한류 위기론'은 과거에도 여러 차례 등장하였다. 국내 제작사들과 아티스트들은 혁신을 통해 이를 극복해 왔다. 그러나 최근에는 넷플릭스 종속론, 콘텐츠 장르의 획일화 등 다양한 근거를 바탕으로 한류 위기론이 다시 제기되고 있다. 무엇보다 한류를 일으키고, 한류 세계화를 주도했던 지상파방송사들의 경쟁력이 크게 약화되었고, K-콘텐츠의 한 축을 담당했던 영화시장이 자금난 등으로 침체되고 있으며, 중소 제작사들이 경영난을 겪고 있는 상황도 한류 위기론을 부채질하고 있다.

최근 국내 콘텐츠업계 내부로부터 나오고 있는 한류 위기론은 질적으로 다르다. 이번 위기론은 콘텐츠 생태계의 균형이 무너진 가운데 나오고 있을 뿐만 아니라, 시장 내 주요 사업자들의 경쟁력 저하 등으로 '회복 탄력성' 또한 과거와 비교할 수 없을 정도로 낮아진 점도 차이점이다. 한류의 또 다른 축인 K-팝의 위기론도 가볍게 볼 상황은 아니다. K-팝은 아이돌 그룹을 중심으로 성장해 왔지만, 이는 다양한 음악 장르의 발전을 저해하고 획일화된 콘텐츠 생산을 야기한다는 비판을 받고 있다. 여기에 중국, 태국 등 주변 국가들이 드라마와 대중음악 등에서 자국의 콘텐츠 산업을 집중 육성하면서 경쟁력을 키워가는 것도 한류 확산에 위협 요인이 될 수 있다.

동남아시아 한류,
패러다임을 전환할 때다

2024년 초 한류와 관련된 몇 가지 흥미로운 소식이 해외로부터 들려왔다. 하나는 세계적인 음료회사 코카콜라Coca Cola가 한글로 코카콜라를 표기한 새 상품을 내놨다는 것이다. 영어가 아닌 특정 국가 언어가 사용된 제품을 전 세계적으로 판매하는 것은 130년 코카콜라 역사상 처음 있는 일이라고 한다. K-팝, K-드라마 등 우리나라 콘텐츠가 전 세계적으로 인기를 끌면서 한글에 대한 관심이 높아지고, 무엇보다 '긍정적 이미지'가 형성되자, 이를 제품 홍보에 적극 활용하고 있는 것이다.

다른 뉴스는 태국에서 전해졌다. 태국 정부가 한국콘텐츠진흥원KOCCA을 롤모델로 삼아 자국의 콘텐츠 산업 육성을 전담할 기구로 '태국콘텐츠진흥원THACCA'을 설립하기로 했다는 것이다. 이에 앞서 태국 정부는 당시 세타 타위신Srettha Thavisin 총리를 위원장으로, 탁신 전 총리의 막내딸이자 집권당 프아타이당Pheu Thai Party의 차기 대표(현 총리)로 거론되던 패통탄 친나왓Paetongtarn Shinawatra을 부위원장으로 하는 국가소프트파워 전략위원회NSPSC를 출범시켰다.

태국콘텐츠진흥원 THACCA CI

THACCA
THAILAND CREATIVE CULTURE AGENCY

출처: 구글 이미지

태국 정부가 콘텐츠 산업을 중심으로 자국의 소프트파워를 강화하겠다는 것은 일회성 '정치적 레토릭'이 아니라 진심으로 느껴진다. 실제로 태국 정부 여당은 '소프트파워 육성'을 국정과제의 전면에 내세우고 있다. 2023년 유엔총회 기간동안 미국에서 한국과 태국 정상이 만나 양국 간 콘텐츠 산업 교류를 정식 의제로 삼아서 심도있게 논의했고, 태국 정부 관계자들은 KOCCA를 직접 방문하기도 했다.

태국 정부가 자국의 소프트파워 육성을 위해 한국의 콘텐츠 산업 정책을 벤치마킹하겠다고 공개 선언한 것은 여러 가지로 큰 의미를 갖는다. 2018년 KOCCA가 발표한 '한류의 패러다임 전환을 위한 신한류 확산 전략 연구' 보고서에 따르면 한류의 확산 정도에 따라서 ▲사회 일반 정착 국가 ▲팬 중심 확산 국가 그리고 ▲사회 일반 정착과 팬 중심 확산의 중간 단계의 과도기 국가 등으로 분류하고 있다. 당시만 해도 일본과 중국은 사회 일반 정착 국가로, 인도네시아는 과도기 국가, 나머지 미국과 유럽 국가들은 팬 중심 확산 국가로 분석하였다.

2018년 보고서에서 태국은 조사 대상에 포함되지 않았지만, 이번에 추진되고 있는 태국 정부의 정책들을 고려하면 태국은 이미 한류가 사회 일반에 '정착한' 국가로 분류해도 크게 무리는 없을 것 같다. 실제로 각종 보고서를 보면 동남아시아에서 인도네시아 다음으로 경제 규모가 큰 태국은 한류 소비의 중심 국가로 부상하였다. K팝과 드라마뿐만 아니라 푸드와 뷰티, 그리고 패션까지 우리나라의 콘텐츠와 라이프 스타일 제품에 대한 소비가 가장 활발한 국가이다. 2022년 한국국제문화교류진흥원KOFICE 조사에서도 한류 이용자 중 '열성적 이용자'가 조사대상 국가 중에서 가장 높게 나타났고, 한류에 대한 긍정적 평가와 기대, 충성도가 매우 높은 나라로 평가되었다.

이러한 조사 결과는 태국이 인도차이나반도 등 동남아시아에서 차지하는 비중과 역할을 고려하면 한류 확산뿐만 아니라, 콘텐츠 산업 중심의 글로벌 문화교류에 있어서 대단히 중요한 정책적 함의를 갖는다. 한류1.0으로 시작하여 한류4.0으로 발전한 한류가 이제 새로운 전환점, 즉 '신한류New Korean Wave 시대'로 접어들

한국콘텐츠진흥원(KOCCA) 방콕 비즈니스센터

었다고 해도 과언이 아니다. 태국 등 동남아시아 지역 한류의 발전, 더 나아가 건설적인 글로벌 문화 교류를 위해 몇 가지 정책 제안을 하고자 한다.

첫째, 한류의 패러다임Paradigm을 일방 '진출'에서 쌍방 혹은 상호 '교류'로 전환해야 한다.

정부든, 민간기업이든 한류의 경제적 가치에만 집중하는 상업주의와 현지 진출 일변도의 공세적 전략에서 벗어나 한류 소비국의 사회·경제·문화 발전에 기여하는 상호 문화교류 중심으로, 그래서 세계인의 일상생활 속에서 한국의 문화가 향유되도록 하는 방향으로 한류의 패러다임을 전환하자는 것이다. 2018년 KOCCA 보고서는 이를 '신한류'라는 표현으로 개념을 정의하고 제안하였다. 시의적절한 지적이었지만, 정부든 민간이든 한류와 관련된 전략 기조는 그때나 지금이나 크게 달라진 것이 없다. 더 늦기 전에 한류 패러다임을 근본적으로 전환할 것을 제안한다.

둘째, 한류의 지속가능성이라는 측면에서 K-팝, 드라마, 푸드, 뷰티 등 경제 및 기업 간 교류를 뛰어넘어 동남아시아 각국과 보다 폭넓은 민간교류를 활성화하고, 인적 네트워크를 구축해야 한다.

일본의 대중문화는 오랜 기간 동남아시아 국가들에 대한 공적개발원조ODA 사업 등을 통해 구축된 탄탄한 기반 위에서 현지화를 진행하였다. 또한 최근 동남아시아에 대한 막대한 경제 투자를 통해 영향력을 급속히 키워가고 있는 중국 콘텐츠 산업의 위상을 생각하면 한류의 기반은 여전히 취약하다고 인정하지 않을 수 없다. 동남아시아 한류 이용자들 대상 조사에서 그들이 '한류의 지속 기간이 비교적 짧을 것'으로 예상하고 있는 것도 이런 분석을 뒷받침하고 있다. 작은 신호가 발신하는 '치명적 의미'를 조기에 포착하고 신속하게 대응해야 한다.

셋째, 코로나 팬데믹을 거치면서 나타나는 동남아시아의 한류 확산은 OTT, SNS 등 디지털 미디어에 의존하는 바가 크다는 점을 주목할 필요가 있다.

한 조사결과를 보면 동남아시아 한류 이용자들은 주로 SNS를 통해서 한류와 관련된 정보를 검색하고, 넷플릭스 등 OTT를 통해서 한류 콘텐츠를 이용한다. 그리고 다시 SNS에 자신들이 경험한 한류 관련 소식을 공유하면서 한류를 확산시켜 나가고 있는 것으로 나타났다. 이처럼 동남아시아 지역의 한류는 디지털 미디어의 보급 등과 밀접한 관련이 있는 만큼, 동남아시아 각국의 정보화 및 디지털 전환 상황을 예의주시해야 한다. 동시에 이와 관련된 우리나라와 동남아시아 국가들 간 교류협력 사업도 한류의 확산과 연계하여 더욱 강화해야 한다. 동남아시아 지역에서 한류의 확산은 문화적인 현상이면서 '기술적 현상'이기도 하다는 점을 간과해서는 안된다. 최근 한국 정부가 동남아시아 국가들의 정부 정보화사업e-Government을 지원하고, 특히 한국인터넷진흥원 KISA를 중심으로 인터넷 보안 관련 각종 협력사업을 확대하고 있는 것은 높게 평가할만하다.

넷째, 한류 확산을 가로막는 불필요한 리스크 요인을 잘 관리하고, 이를 위해 한류 관련 정부 내 컨트롤타워의 역할을 활성화시켜야 한다.
한류는 문화적 현상이다. 따라서 우리 문화가 갖고 있는 강점을 부각시키되, 한류 소비국의 문화를 존중해야 한다. 의도하지 않았다고 하더라도 상대국 문화를 폄하하거나, 현지 이용자들의 정서를 무시하는 행위는 절대 해서는 안된다. 일례로 예능 콘텐츠에서 종교 등 문화코드와 관련하여 종종 발생하는 불미스러운 논란은 자해행위에 가깝다. 또한 특정 국가 관광객들의 국내 입국심사과정에서 발생한 양국 간 외교적 마찰은 정부가 나서서 한류 확산에 찬물을 끼얹는 행위이다. 구체적 사례를 따져보면 심사기준도 불분명했고, 상대국 국민들에 대한 세심한 배려도 찾아볼 수 없었다. 국가 간 문화교류는 정서적 교감을 통해 공고화되고, 이를 기반으로 형성된 유대감은 한 사회의 여론이 되어 정치·경제·사회 전반에 걸쳐서 큰 영향력을 발휘하게 된다.

지난 2020년 2월 정부는 부처별 한류 진흥정책을 종합적으로 관리하고 정책 효과를 극대화하기 위해 '한류협력위원회'를 출범시켰다. 한류 주무 부처인 문화관광부 장관을 위원장으로 외교부 등 13개 부처 차관과 KOCCA 원장 등 12개 공공기관의 기관장을 위원으로 참여시켰다. 한류협력위원회는 한류 진흥정책의 추진 경과를 정기적으로 점검하고, 범정부 차원의 대응 방향을 공유하는 것을 주목적으로 하였다. 그러나 윤석열 정부 출범 이후 관련 규정을 개정하여 한류협력위원회를 'K-콘텐츠 수출협의회'로 개편하고, K-콘텐츠 및 한류 연관산업 수출을 논의하는 기구로 위상과 권한을 크게 축소시켜버렸다. 과거 정부에서 했던 사업을 새 정부에서 백지화하거나 후순위로 미뤄두는 일은 다반사이지만, 좋은 정책과 제도는 계승하고 발전시켜야 한다. 한류와 관련된 정책이 특히 그렇다. 한류를 비롯한 국가 간 문화

교류는 특정 정부의 정체성과 무관한 대한민국의 자부심 및 글로벌 위상과 관련된 일이다. 특정 정권의 이해를 뛰어넘어 보다 대범한 접근이 필요한 이유다. 새롭게 출범하는 정부도 명심해야 할 것이다.

> 고삼석의 인사이트

최인숙 TRA미디어 대표,
"태국은 K-Wave를 닮은 T-Wave를 만들고 싶어 한다"

"한류 콘텐츠가 글로벌 시장에서 더 큰 성공을 거두기 위해서는 일방적인 공급과 소비의 형태가 아니라 공동 제작과 크로스 컬처Cross Culture 기반의 현지화가 필요합니다."

최인숙 TRA미디어 대표

최근 K-콘텐츠에 대한 전 세계적인 관심과 소비가 급격하게 증가하면서 이제 한류는 특정 지역을 넘어서 세계적 팬덤을 확보하고 있다. 그럼에도 불구하고 대륙별로 보면, 단연 동남아시아가 한류의 진원지이자 핵심 소비시장이라고 할 수 있다.

각종 조사 결과를 보더라도 태국을 중심으로 한 동남아시아 국가들의 한류팬이 가장 많고, 충성도도 높은 것으로 나온다. 한국콘텐츠진흥원KOCCA이 발표한 '2023년 K-콘텐츠 해외진출 현황조사'에 따르면 K-콘텐츠에 대한 소비자들의 글로벌 지수(K-GSI, 전체 평균 62.8점)에서 태국(72.1점), 베트남(70.0점) 등 동남아시아 국가들이 매우 높게 나왔다. 이런 흐름 속에서 최근 동남아시아 국가들은 K-콘텐츠 소비를 넘어서 자국 콘텐츠 산업 육성을 위한 정책을 본격 추진하고 있다. 대표적인 나라가 바로 태국이다.

태국은 2018년 디지털 방송 전환, 모바일 보급 확산 등으로 인터넷 이용인구가 빠르게 늘어나고, 제작 현장에도 디지털 기술을 활용하는 등 콘텐츠 산업의 경쟁력을 키워가고 있다. 특히 패통탄 친나왓Paetongtan Shinawatra 태국 총리는 국가소프트전략위원회의 설립 및 운영을 주도하였고, KOCCA를 모델로 삼아 태국의 콘텐츠 산업 육성을 전담할 기구로 태국콘텐츠진흥원THACCA 설립을 추진하였다.

2024년 10월 11일 서울 코엑스에서 '디지털 혁신 페스타DINNO 2024'의 부대행사로 열렸던 'Future Tech Conference 2024'의 'K 엔터테크 세션'에서 '한류4.0-AI시대 상호협력 및 한류의 미래'를 주제로 패널토론이 진행되었다. 이 자리에서 패널로 나온 최인숙 TRA미디어 대표와 동남아시아 지역의 한류 현황, 한국과 동남아시아 국가 간 교류 협력 강화 등 한류의 발전방안을 놓고 얘기를 나누었다. 최인숙 대표는 콘텐츠 전문 유통기업 ㈜넷토피아와 복수의 방송채널MPP을 운영하고 있는 TRA미디어의 창업자 겸 CEO를 맡고 있다. TRA미디어는 현재 버라이어티 전문채널

Future Tech Conference 2024 패널 토론

Smile TV+, 해외드라마 전문채널 TVA+, 교육전문채널 WeeTV 등 3개의 채널을 소유 및 운영 중에 있다.

태국, '태국적 맥락'에서 한국 콘텐츠 리메이크

고삼석 동국대학교 AI융합대학 석좌교수(이하 '고')
최인숙 대표께서는 '러브 데스티니', '두 도시 이야기', '비밀의 침대' 등 태국의 인기 콘텐츠를 국내에 최초로 소개하는 등 한국과 태국 간 콘텐츠 교류에 많은 역할을 했습니다. 태국 내 한류, 한국과 태국 간 콘텐츠 교류 동향 등에 대해 먼저 말씀해 주시죠.

최인숙 TRA미디어 대표(이하 '최')

채널 사업의 근간이 미디어 다양성 확대인 만큼 저희는 언제나 새로운 '니치 시장'을 발굴하고 그를 통해 각국과 문화적, 산업적 교류를 강화하는 것에 목표를 두고 있습니다. 국내에서는 중소 채널PP 중 유일하게 전 세계 다양한 국가의 콘텐츠를 한국에 최초로 소개하고 각국 대사관이나 관광청과 긴밀한 교류를 통해 '문화 교두보'의 역할을 꾸준하게 해왔습니다.

그 가운데 저희가 동남아시아 시장을 주목한 이유는 2023년 기준 전 세계 한류 팬 약 2억 3천만 명 중 동남아시아 팬덤은 1/4에 달하는 약 6천만 명을 바탕으로 한국과 콘텐츠 산업 교류를 확대하는 한편, 자국의 콘텐츠 산업을 발전시키기 위해 가장 역동적으로 변화하는 시장이기 때문입니다.

특히 태국의 경우 동남아시아에서 유일하게 식민체제를 겪지 않아 풍부한 문화적 자산을 배경으로 다양한 소재의 콘텐츠를 제작해 왔다는 점, 자국 콘텐츠 산업을 빠르게 발전시키기 위해 정부 차원의 강력한 지원이 따르고 있다는 점 등으로 볼 때 콘텐츠 발전 가능성이 매우 높기 때문에 더 주목하게 되었습니다.

2018년 국내 최초로 태국 지상파방송인 채널3과 손잡고 태

한국에 최초로 소개된 태국 드라마 '러브 데스티니'

국 콘텐츠를 한국에 소개하게 되었습니다. 태국에서 최고 시청률을 자랑한 '러브 데스티니'의 경우, 한국에서도 많은 사랑을 받으며 케이블TV, IPTV, OTT 등에서 주류 해외 콘텐츠였던 미국, 중국, 일본 드라마를 제치고 TOP 10에 올랐습니다. 태국 정통 사극 '두 도시 이야기', 로맨스물인 '비밀의 침대' 등 소개한 작품마다 좋은 반응을 얻으며 낯선 문화-새로운 콘텐츠에 대한 시청자들의 니즈와 긍정적 반응을 확인할 수 있었습니다. 또한 이러한 미디어 콘텐츠 교류를 바탕으로 태국 대사관과 관광청으로 이어진 다양한 협업 프로젝트는 문화 교류의 확장성을 확인할 수 있는 계기가 되었습니다.

문화 교류의 성과로는 태국 내 한류 열풍을 언급하지 않을 수 없는데요, 태국은 2023년 한국콘텐츠진흥원의 조사에서도 나타난 것처럼 K콘텐츠가 진출한 국가 가운데 K콘텐츠 선호도가 가장 높은 국가입니다. 특히 태국은 단순히 한류 콘텐츠를 수입해서 소비하는 것이 아니라 '태국적 맥락'을 토대로 리메이크 혹은 공동 제작을 통해 한류 콘텐츠를 생산하고, 양국의 유기적 협조 속에서 한류 콘텐츠를 재생산하면서 자국 콘텐츠의 발전 기회를 만들고 있습니다.

다만 한류의 위상이 높아진 만큼 글로벌 플랫폼들이 한국 콘텐츠를 무기로 태국을 포함한 전체 미디어 시장을 자신들이 직접 공략하고 있고, 이를 위해 한국 콘텐츠에 했던 대규모 투자는 다시 제작비 상승이라는 부메랑으로 저희를 압박하고 있는 상황입니다. 또한 한정된 대기업 중심의 투자와 배급은 콘텐츠의 질과 다양성을 약화시키면서 진부하고 획일적 소재의 콘텐츠를 양산하는 경향이 있는데, 이는 '문화적 디스카운트'를 초래하는 위험요소가 될 수 있습니다.

태국 정부,
'태국판 콘텐츠진흥원' THACCA 설립

(고) 태국 내 한류 현황, 한국과 태국 양국의 콘텐츠 교류에 대해 많은 이해가 되었습니다. 콘텐츠 정책 영역을 보면 한국과 태국 정부 간 교류와 협력이 눈에 띕니다. 특히 한국 콘텐츠 산업 정책을 배우려는 태국 정부의 자세가 대단히 적극적입니다. 태국 정부는 우리의 KOCCA를 벤치마킹해 태국판 콘텐츠진흥원 THACCA를 정식 설립할 예정인데, 이 부분도 설명을 좀 해주시죠.

(최) 태국의 경우 한국 정부의 한류 진흥 정책을 높이 평가해 이를 벤치마킹하고, 태국 소프트파워 육성을 위해 2023년 9월 당시 세타 타위신 총리가 위원장을, 탁신 친나왓 전 총리의 막내딸이자 프아타이당의 당대표인 패통탄 친나왓을 부위원장(현 총리)으로 하는 국가소프트파워 전략위원회를 출범시켰습니다.

2024년 8월 국가소프트파워 전략위원회 부위원장이었던 패통탄 친나왓이 총리로 취임하면서 태국 소프트파워 육성을 국정과제 전면에 내세우며 태국콘텐츠진흥원 설립에 본격적으로 나서는 상황입니다. 이는 태국 정부가 국가 창의 산업을 육성하고 국부 창출을 위해 문화의 상품화 및 수출에 박차를 가하고 있음을 공개 선언한 것으로 그 자체로 큰 의미가 있다고 볼 수 있습니다.

한국과 달리 태국 정부는 방송을 포함한 콘텐츠 산업에 해외 자본이 진입하는 것에 특별한 규제를 하지 않고 오히려 한류 콘텐츠 기업과 자국 내 기업의 협업을 통해 현지화된 콘텐츠를 제작하도록 하는데 훨씬 적극적인 상황입니다.

또한 기존 FTA 외에 RCEP(역내 포괄적 경제동반자협정)을 체결하고 있는데 한국의 경우 콘텐츠 분야 수출액이 전체 교역 중 높은 비중을 차지하고 있어 의미가 큰 협정입니다. 이를 토대로 가까운 시일 안에 규제가 완화되어 양국 간 콘텐츠 교류가 더욱 활성화되기를 기대하고 있습니다. 태국 내 한류도 한 단계 더 높은 차원으로 도약하지 않을까 생각합니다.

생성 AI, 제작 현장 '창조적 협업' 가능성 높여

(고) 종종 "한류가 끝났다"라고 걱정하는 분들도 있습니다만, 한류는 지속적으로, 전 세계로 확산되고 발전해 왔습니다. 2022년

챗GPT 등장 이후 시작된 생성AI 시대에도 한류는 외연을 더욱 확장할 것으로 보는 전문가들이 많습니다. 물론, '알파 세대'의 등장 등 이용자들의 이용행태나 콘텐츠 시장의 변화와 같은 위협 요인이 없는 것은 아닙니다. 마지막으로 '지속가능한 한류'를 위한 기술, 제작 및 정책 혁신 방안에 대해 한 말씀 해주시죠.

(최) 한류 콘텐츠가 글로벌 시장에서 더 큰 성공을 거두기 위해서는 현재와 같이 일방적인 공급과 소비의 형태가 아니라, 공동 제작과 크로스 컬처 기반의 현지화가 핵심 과제로 대두될 것입니다. 그동안에는 공동 제작이 언어와 같은 문화 장벽, 그에 따른 물적, 인적 자원 투입과 높은 비용으로 굉장히 큰 어려움을 겪었습니다.

그러나 AI와 같은 첨단 기술을 활용한 콘텐츠 제작의 혁신은 이러한 장애나 한계를 뛰어넘고 있습니다. AI는 단순한 번역뿐 아니라, 콘텐츠 기획, 제작, 배급 과정 전반에 걸쳐 새로운 방식의 창조적 협력을 가능하게 하고 있습니다.

한류 콘텐츠와 동남아시아 콘텐츠의 협력은 양측 모두에게 중요한 기회입니다. 그리고 첨단 엔터테크의 도입은 이러한 협력을 한층 더 발전시키고, 콘텐츠 교류를 한 단계 더 높은 차원으로 발전시킬 것이라고 생각합니다. 정부의 관심과 지원이 있다면 우리 TRA미디어처럼 새로운 시도를 하는 중소 콘텐츠 사업자들이 이 같은 변화를 주도할 수 있을 것이라고 굳게 믿습니다. 앞으로 더 많은 기회를 함께 만들어 나가기를 기대합니다.

(고) 말씀 잘 들었습니다. 여러 상황을 종합해 보면, 현재 콘텐츠 수출 중심의 한류 정책은 분명 한계가 있습니다. 따라서 변화된 환경에 맞춰서 그것의 기조와 전략을 전면 재검토하고, 재정립해야 한다는 요구가 사업자들로부터 나오고 있습니다.

콘텐츠의 일방 수출이 아닌 상호호혜적 관점에서 공동 제작뿐만 아니라, 문화 및 인적 교류 중심의 한류 정책으로 한류를 한 단계 더 성숙시켜야 합니다. 특히 최근 인공지능과 빅데이터 등 첨단 기술과 콘텐츠 간 결합, 즉 엔터테크EnterTech가 확산되고 있는 만큼 한국과 태국 간 교류와 협력의 새로운 모델을 만들어 낸다면 콘텐츠 분야를 넘어서 경제, 사회, 문화, IT 등 다양한 분야에서 양국 간 교류와 협력을 훨씬 더 강화할 수 있을 것입니다.

싱가포르에서 생각해 본
한류의 새로운 길

얼마 전 싱가포르에 다녀왔다. '아시아 경제의 허브'로 자리잡은 싱가포르는 자타가 공인하는 '혁신 국가'이자, 인공지능AI 시대 개막과 함께 '첨단 기술의 허브'로 거듭나고 있다. 지난해 스위스 국제경영개발대학원IMD이 세계 67개국을 대상으로 한 '2024년 국가경쟁력 평가'에서 싱가포르는 3년 만에 세계 1위를 탈환했다. 영국 언론기관인 토터스 미디어Tortoise Media가 '2024년 글로벌 AI 인덱스'에서 전 세계 83개국의 AI 경쟁력 수준을 비교 분석한 결과 한국이 종합 6위를 차지한 반면, 싱가포르는 종합 3위에 이름을 올렸다. 확실히 '작지만 강한 나라'이다.

싱가포르의 한류 현상에 대한 국내의 관심은 태국, 베트남, 인도네시아 등 타 동남아시아 국가들과 비교할 때 그렇게 높지 않다. 학술 연구 결과물도 많지 않다. 다른 국가들보다 인구나 경제 규모가 작고, 그에 따라 콘텐츠 시장의 규모도 크지 않기 때문일 것이다. 그러나 최근 싱가포르에 불고 있는 한류 열풍은 상당히 뜨겁다. OTT의 TV드라마 부문에서 3~4개의 K-드라마가 10위권 내에 자리를 차지하고 있고, K-팝 아티스트들의 콘서트가 연중 끊임없이 열리고 있다. K-콘텐츠의 높은 인기에서 파생되는

2024년 The Global AI Index 상위 10개 국가

국가	종합		구현				혁신			투자		
			인재		인프라		운영환경		연구		개발		정부전략		상업생태계	
미국	1위(-)	100	1위	-	1위	-	2위	▲26	1위	-	1위	-	2위	▲6	1위	-
중국	2위(-)	53.88	9위	▲11	2위	-	21위	▽18	2위	-	2위	-	5위	▽2	2위	-
싱가포르	3위(-)	32.33	6위	▽2	3위	-	48위	▽26	3위	-	5위	-	9위	▲7	4위	-
영국	4위(-)	29.85	4위	▲1	17위	▲7	4위	▲36	4위	▲	16위	▽8	6위	▲4	5위	-
프랑스	5위(▲8)	28.09	10위	-	14위	▽3	19위	▲6	6위	▲9	4위	▲14	8위	▲5	8위	▲2
한국	6위(-)	27.26	13위	▽1	6위	▲1	35위	▽24	13위	▽1	3위	-	4위	▲2	12위	▲6
독일	7위(▲1)	26.15	3위	-	13위	▽1	8위	▲5	8위	-	11위	▽2	7위	▽5	9위	▲2
캐나다	8위(▽3)	26.39	8위	▽2	18위	▲5	16위	▽8	9위	▽	10위	▲1	3위	▲2	6위	▲1
이스라엘	9위(▽2)	25.18	7위	-	26위	▲2	65위	▽42	7위	▲4	6위	▲1	31위	▲16	3위	-
인도	10위(▲4)	23.82	2위	-	68위	▽9	3위	▲9	14위	▲16	13위	▲8	10위	▲28	13위	-

출처: 한국과학기술기획평가원 (2024)

K-푸드, 뷰티도 현지에서 높은 인기를 누리고 있다. 일례로 싱가포르 전역에서 운영되는 한식당만 300여개에 달한다고 한다. 싱가포르의 국토 면적이 서울보다 약간 큰 규모라는 점을 생각하면 적지 않은 숫자이다.

싱가포르 한류 주 소비층은 15~19세의 젊은층

주싱가포르 대한민국대사관이 2024년 7월 싱가포르 국민 1,000

명을 대상으로 실시한 온라인 설문조사 결과를 보면 응답자 중 66%가 한국에 대해 긍정적 인식을 갖고 있는 것으로 조사되었다. 특히 한류 핵심 소비 집단인 15~19세 젊은층에서는 71%가 한국을 긍정적으로 인식하는 것으로 나타났다. 한류 열풍이 뜨겁게 불고 있는 다른 동남아시아 국가들과 비교해도 열기가 결코 떨어지지 않는다.

2024년 8월 개설된 한국콘텐츠진흥원KOCCA 싱가포르 비즈니스센터에 따르면 싱가포르의 정보통신미디어개발청IMDA이 우리의 KOCCA와 유사한 역할을 수행하고 있다. 국제 공동제작 펀드를 비롯한 다양한 콘텐츠 제작 펀드 조성과 지원사업을 수행하고 있는 IMDA는 K-콘텐츠의 성공사례에 많은 관심을 보이면서 KOCCA 싱가포르 비즈니스센터와 긴밀한 협력 관계를 유지하고 있다.

실제로 KOCCA 싱가포르센터는 지난해 10월 싱가포르에서 열린 전 세계 혁신 기술 스타트업과 창작자, 투자자 등이 참가하는 아시아 최대 규모의 국제 스타트업 전시회인 'SWITCHSingpore Week of Innovation & Technology 2024'에서 한국공동관을 운영하면서 총 396건의 비즈니스 미팅을 통해 2,400만 달러(약 331억원)의 수출 상담액을 달성하는 등 큰 성과를 거두었다.

KOCCA가 운영한 SWITCH 2024 한국공동관

출처: 한국콘텐츠진흥원

한국 엔터테크 기업 'SWITCH 2024'에서 큰 성과

'SWITCH 2024'에서 거둔 성과가 의미있는 것은 이번 행사가 단순히 콘텐츠를 판매하는 것을 넘어서 콘텐츠에 첨단 기술을 접목시킨 엔터테크 분야에 대한 동남아시아 기업 및 투자자들의 수요와 시장성을 확인했다는 점이다. 국내 콘텐츠 산업과 스타트업의 역량을 보여주기 위해 마련된 비즈니스 네트워킹 행사인 '코카 나이트 KOCCA Night'에서 KOCCA 싱가포르센터는 K-콘텐츠 산업과 기술의 결합을 통한 한류의 미래 전망 좌담회 등을 진행하였다. 뿐만 아니라 AI 기술을 활용하여 콘텐츠의 가치를 제고하고, 이용을 활성화하는 방안을 주제로 컨퍼런스를 개최하여 참가자들로부터 좋은 평가를 받았다.

현지에서 직접 만난 박상욱 KOCCA 싱가포르센터장은 "콘텐츠 판매를 뛰어넘어 콘텐츠와 첨단 기술을 접목시킨 엔터테크 분야 개척, 콘텐츠 IP 투자 유치 등 새로운 한류 확산 모델을 만들어 보고 싶다"는 포부를 밝혔다. 이러한 비전 설정의 배경에는 싱가포르의 독특한 경제 및 사회 특성과 지리적 위상이 자리잡고 있다.

싱가포르의 콘텐츠 시장 규모(세계 26위)는 크지 않고, GDP 기준 경제 규모 또한 우리나라의 1/3에 못미치는 수준이다. 그러나 2023년 국제통화기금IMF의 자료에 따르면 구매력 평가지수PPP 기준 싱가포르 국민 1인당 GDP는 13만 3,890달러로 세계 3위를 기록했다. 반면 우리나라는 싱가포르의 절반에도 미치지 못하는 5만 572달러였다. KOCCA 싱가포르센터는 싱가포르 국민의 구매력이 매우 높고, 혁신적인 제품과 프리미엄 제품 등에 대한 소비 의향이 높기 때문에 '첨단 기술이 융합된 콘텐츠' 혹은 서비스에 대한 수요도 높을 것으로 분석하였다.

글로벌 사업자들과 손잡고
비즈니스 전략 혁신

현재 싱가포르에는 한국법인이 4,000여개 이상 진출해 있고, 다국적 기업의 아시아-태평양 본부도 4,200여개 이상 운영되고 있는 것으로 알려져있다. 넷플릭스, 워너브라더스, 워너뮤직, 스포티파이, NBC 유니버셜 등 글로벌 메이저 콘텐츠 기업의 아시아-태평양 본부가 모두 싱가포르에 모여있다. 따라서 단순한 콘텐츠 거래보다는 공동 제작 확대, 콘텐츠 IP에 대한 투자 유치, 콘텐츠와 기술을 접목시킨 엔터테크 분야 개척 등 새롭고 다양한 비즈

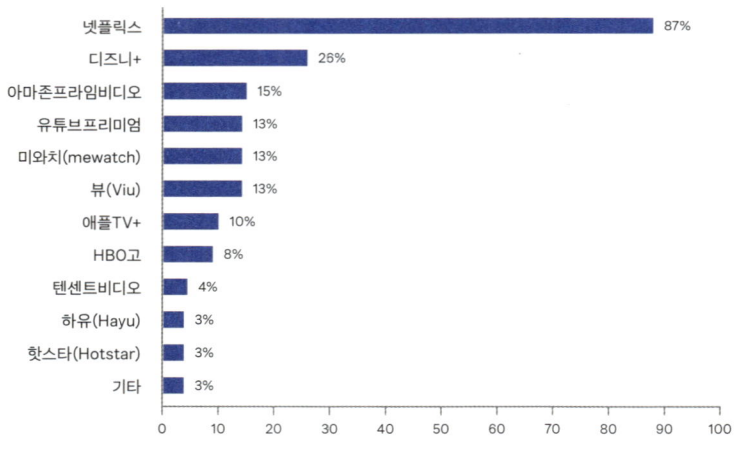

싱가포르 가입자들이 선호하는 OTT 플랫폼

- 넷플릭스 87%
- 디즈니+ 26%
- 아마존프라임비디오 15%
- 유튜브프리미엄 13%
- 미와치(mewatch) 13%
- 뷰(Viu) 13%
- 애플TV+ 10%
- HBO고 8%
- 텐센트비디오 4%
- 하유(Hayu) 3%
- 핫스타(Hotstar) 3%
- 기타 3%

출처: 2022년 싱가포르 OTT 방송시장 동향

니스 기회를 창출하고, 한류 비즈니스 영역의 확장을 시도해 볼 수 있는 매력적인 시장이다.

또한 세계에서 가장 중요한 해상 운송로 가운데 하나인 말라카 해협에 위치한 싱가포르는 국제무역의 허브이다. 이런 지리적 이점을 십분 활용하여 싱가포르는 홍콩을 뛰어넘는 '글로벌 금융 허브'를 지향하고 있다. 최근 중국을 비롯한 글로벌 자본이 다시 싱가포르로 집중되고 있다고 한다. 전통적으로 콘텐츠 산업은 자본 집약적 속성을 갖고 있고, OTT가 주류 미디어로 부상하면서 콘텐츠 유통의 글로벌화가 진행되고 있다. 이러한 점에서 싱가포르는 우리 콘텐츠 기업들이 글로벌 사업자들과 손잡고 비즈니스 전략을 혁신하면서 동시에 동남아시아를 넘어서 글로벌 시장으로 진출을 모색해 볼 수 있는 최적의 비즈니스 환경을 제공한다고 할 수 있다.

K-콘텐츠를 중심으로 한 한류는 경제적 효과는 물론, 금액으로 환산할 수 없는 국가 이미지 제고, 그리고 그에 따른 국가 위상의 상승에 크게 기여하고 있다. 지난해 우리 정부는 한류의 전 세계 확산을 목적으로 싱가포르를 비롯한 해외 거점 10곳에 KOCCA 비즈니스센터를 추가로 신설하여 운영하고 있다.

하지만 경제 및 문화 현상으로서 한류가 빠르게 성장하고 확산되는 것에 비해서 정부의 정책이나 콘텐츠 기업들의 글로벌 경영 전략이 그만큼 성숙하고 정교화되고 있는지는 의문이다. 정부는 한류 성과의 '정치적 활용'에, 기업들은 '단기 실적'에 매몰되어 있는 것은 아닌지 한번쯤 되돌아볼 일이다. 싱가포르에서 한국으로 돌아오는 비행기 안에서 "한류가 궁극적으로 지향하는 바는 무엇인가", "한류 소비자에게 어떤 비전을 제시하고 있는가", "한류는 세계의 주류 문화로 성장했는가"라는 질문을 놓고 오랜 시간 고민했다.

베트남 속 K타운, 그리고 한류의 미래

코로나 팬데믹으로 인해 한동안 베트남을 방문하지 못했다. 그런데 최근 베트남에서 잇달아 들려오는 흥미진진한 한국 관련 뉴스는 나의 호기심을 자극하기에 충분했다. '백문이 불여일견百聞不如一見'이라고 직접 확인을 해보고 싶어서 하노이로 날아갔다.

베트남 전쟁이라는 아픈 역사를 뒤로하고 지난 1992년 정식 외교관계를 맺은 한국과 베트남은 경제 분야는 물론, 사회문화 분야에서도 각별한 관계를 유지, 발전시켜오고 있다. 양국의 긴밀한 관계는 민관이 따로 없다.

대한무역투자진흥공사KOTRA 자료에 따르면, 우리나라와 베트남이 처음 수교를 맺은 지난 1992년 양국 교역액은 4억9천만 달러였다. 수교 30주년이던 지난 2022년 기준 교역액은 806억9천만 달러로 약 164배 성장했다. 베트남은 우리나라의 제3대 교역국이자 4번째 수출 대상국으로 확고하게 자리를 잡았다.

사회문화 분야를 보면, 더욱 친밀감을 느낄 수 있다. 베트남은 동남아시아 국가들 가운데 한류 열기가 가장 뜨거운 국가 중 하나다. 한국 문화에 대한 선호도가 단연 높다.

지난해 한국콘텐츠진흥원 베트남 비즈니스센터(KOCCA 베트남)가 발표한 〈2023년 베트남 한류 소비자 심층분석〉에 따르면, 설문 응답자 1천25명 중 997명(95.3%)이 한류를 좋아한다고 응답했다. 국가별로 한국 문화에 대한 선호도를 보더라도 베트남은 44.6%로 1위이고 2위인 미국(10.4%)과 큰 격차가 있다. 비교할 수 없을 정도로 압도적인 비율이다.

KOCCA 베트남의 분석에 따르면, "사회문화적으로 한국과 베트남의 문화가 유사한 부분이 많고, 양국 관계를 개선하고 발전시키려는 상호 노력으로 인해 베트남이 매우 긍정적이고 적극적인 자세로 한국 문화를 받아들이고 있기 때문"이라고 그 배경을 설명하고 있다.

베트남의 발전 속도는 빠르다. 일례로 동남아시아 국가들 중에서도 베트남의 IT인프라는 굉장히 좋은 편에 속한다. 지난해 기준 스마트폰 보급률은 96%에 달하고, 인터넷 보급률도 가계 기준 80%를 넘겼다. 베트남 정부가 일찍부터 정보화에 발 벗고 나섰기 때문이지만, 무엇보다 베트남은 젊은 나라다. 전체 국민의 절반 이상이 30대 이하로 정보화에 대한 욕구와 수요가 높은 것은 당연하다.

지난 30년간 한류의 발전과정에서 베트남 이용자들은 새로운 미디어와 온라인 플랫폼, 그리고 SNS 등의 발달을 적극 수용하였고, 이로 인해 다양한 콘텐츠(정보)에 쉽고 빠르게 접근하고, 공유할 수 있게 되었다. 베트남 사회 전반의 디지털 전환으로 인해 '한류가 날개를 달았다'고 표현하는 것이 정확한 표현 같다.

동남아시아 한류의 중심지 베트남 하노이 인근에 최근 '코리아타운(K타운)'이 새롭게 문을 열었다. 지난 5월초 '베트남의 삼성'으로 불리는 최대 민간 기업 빈그룹Vingroup의 핵심 계열사 빈홈스Vinhomes가 개발한 하노이 신도시 오션시티 내에 K타운이 조성, 공개되었다. 서울 근교 판교나 분당쯤에 대규모 '베트남타운'을 만들었다고 비유하면 이해가 쉬울 것이다.

하노이 K타운은 총 6.5헥타르의 대규모 면적에 조성된 한국 테마의 쇼핑 및 식음료 타운이다. 명동과 강남, 이태원과 홍대 등 한국의 대표적인 번화가 및 한국적 감성을 살린 쇼핑몰, 식당 등을 유치했고, 앞으로도 계속 확장할 예정이다.

하노이에서 필자가 직접 만난 빈홈스 CEO는 "오션시티 내 K

하노이 근교 신도시 오션시티(Ocean City)

타운 오픈을 계기로 베트남 신도시가 한류의 새로운 중심지로 자리잡을 것으로 기대한다"며 "현대적인 도시 환경과 한국 문화를 경험할 수 있는 K타운은 베트남 현지인뿐만 아니라 동남아시아인들을 비롯한 외국인들에게도 인기 있는 명소가 될 것이다"라고 말했다. 하노이 거주 우리 교민들이 코리아타운을 자율적으로 형성한 것이 아니라, 베트남 최대 민간 기업인 빈그룹의 기획에 의해 신도시에 K타운이 만들어졌다는 점에서 매우 이례적이다.

베트남 내 K타운, 한류와 관련하여 보완해야 할 숙제도 적지 않다. 하노이 오션시티 내에는 K타운 외에도 차이나타운과 이태리타운도 조성되어 있다. 두 타운이 중국(홍콩)과 이태리(베네치아)를 테마로 빠르게 자리를 잡아가는 반면, K타운은 이제 막 시작되고 있다는 느낌을 받았다. 그렇다보니, 차이나타운이나 이태리타운에 비해 평일 이용객 규모도 상대적으로 작았다.

빈그룹은 K타운의 조기 활성화를 위해 우리나라 아이돌 그룹의 공연을 개최하는 한편, 한국관광공사와 협력양해각서MOU를 체결하고 한국과 베트남 간 문화 및 관광 교류 증진을 위해 함께 노력하기로 하였다.

하노이 K타운의 활성화는 신도시를 만든 빈그룹의 현안이기도 하지만, 한 차원 높은 동남아시아 한류의 활성화를 위해서 우리 정부와 콘텐츠 관련 기업들의 관심과 참여도 필요하다. 무엇보다 한국과 베트남 간 문화교류 차원의 상시 프로그램 운영이 필요하고, 관련 인프라의 구축도 필요한 상황이다.

한편 KOCCA 베트남은 콘텐츠 제작 분야에서 한국과 베트남 기업들의 공동 세미나를 개최하고, '텔레필름 2024'와 같은 현지 콘텐츠 마켓에서 한국공동관 운영을 통해 942만 달러(약

130억원)의 수출 실적을 기록하는 등 큰 성과를 거두고 있다. 그러나 정작 베트남 정부나 콘텐츠 업계가 필요로 하는 현지 콘텐츠 인력 양성 지원사업이나 양국 간 인력 교류, 특히 대학 간 학생 교류 프로그램 운영까지는 KOCCA 베트남의 힘이 미치지 못하고 있다.

하노이 현지의 여론을 들어보면 우리나라와 비교해 베트남의 콘텐츠 분야 제작 역량과 인프라가 아직은 낮은 수준이라서 양국간의 협력과 교류에 대한 수요가 상당하다. 특히 제작 전문 인력 양성을 통해서 장기적으로 콘텐츠 산업 발전 동력을 확보하고자 하는 의지가 상당하기 때문에 향후 우리 정부가 베트남 콘텐츠 인력 양성을 지원할 경우 크게 환영받을 수 있을 것이다.

우리 내부에서 한류의 '지속가능성'에 대한 고민과 논의를 뛰어넘어 한류 수용 국가들의 니즈를 반영하여 한류 패러다임을 근본적으로 전환해야 할 이유는 충분하다. 즉, K-콘텐츠의 양적 수출 증대를 통한 외연 확대에 집중하는 전략에서 벗어나 이제는 상대국의 정책 수요에 부응하는 문화교류와 협력사업을 통한 한류의 성숙과 함께 세계 속의 문화로서 한류가 뿌리내릴 수 있도록 한류의 개념과 정책 기조를 전면적으로 수정해야 한다.

CJ ENM과 베트남 합작영화 MAI

출처: 구글 이미지

베트남뿐만 아니라 인접 국가인 태국 또한 콘텐츠의 수출입과 공동제작을 넘어서 우리나라 콘텐츠 산업 육성 정책과 시스템을 '통째로' 이식시키고 싶어한다. 대표적으로 태국 정부는 2025년 '태국판 KOCCA'인 가칭 '태국콘텐츠진흥원THACCA'의 공식 출범을 목표로 하고 있다. 이런 흐름 속에서 우리 정부가 수출 일변도 한류 정책만을 고집하는 것은 시대착오적이라는 비판을 받을 수 있다.

대만의 한류는 쇠퇴하고 있는가

"한류는 쇠퇴하고 이제 대류台流의 차례가 오고 있다." 2024년 6월 리위안李遠 대만 문화부장(장관)이 취임 한 달을 맞아 대만 언론과 진행한 인터뷰가 국내에 소개돼 논란을 불러일으켰다.

리장관은 "대만이 한류를 정말 많이 도와줬다. 그러나 최근에는 분위기가 바뀌고 있다. 대만의 중·장년층 감독들이 대거 등장하면서 대만 내 분위기가 바뀌고 있다. 이제 한국 드라마를 사오던 풍조를 바꿀 때가 됐다"라고 주장했다. 그는 대만 감독들을 지원하기 위해 '승풍파랑乘風破浪·바람을 타고 물결을 헤쳐 나간다 프로젝트'를 추진하겠다는 계획도 공개했다.

물론 아직까지 대만 콘텐츠 산업의 전체 규모나 글로벌 경쟁력은 한국과 비교할 정도는 아니다. 리장관의 발언에도 불구하고 대만 내 한류 열기가 꺾였다고 단정할 근거도 부족하다. 유료방송 황금 타임대 방송되는 한국 드라마의 숫자가 줄어든 것을 근거로 "한류가 약해졌다"고 주장하는 사람들도 있다. 하지만 다른 자료로 반박이 가능하다. 2024년 8월 대만 넷플릭스 TV 프로그램 부문 10위권에 '낮과 밤이 다른 그녀'가 1등을 차지하는 등 한국 드라마 4개가 순위에 올라갔다. 또한 다른 측면에서 자국 콘텐츠 산업 육성 필요성을 강조하더라도 "타국 문화에 대한 존중을 잊어서는 안 된다"란 비판이 한국 내 전문가들로부터 나왔다.

그러나 2010년대 후반부터 대만 정부가 자국 콘텐츠 산업 육성을 위해 발 벗고 나선 것은 분명한 사실이다. 뿐만 아니라 한국콘텐츠진흥원KOCCA 심천(중국) 비즈니스센터가 2024년 8월 발표한 '대만 문화크리에이티브 산업 발전 현황' 보고서를 보면 콘텐츠 기업 수, 국내외 매출 실적 등 최근 몇 년간 대만 콘텐츠 산업의 여러 지표들이 지속적으로 성장하고 있다.

특히 대만 정부는 2019년 시청각 콘텐츠Video, 디지털 콘텐츠, 음악, 애니메이션, 공연예술 등의 제작과 유통, 개발 및 해외 진출을 지원하기 위해 대만창의콘텐츠진흥원TAICCA을 설립했다. 2000년 우리 정부가 KOCCA를 설립했던 것과 마찬가지로 TAICCA는 콘텐츠 산업 진흥 전담 기구로서 창의적 콘텐츠 산업의 역동적 환경을 탐색 및 조성하고, 상업적 성공을 극대화하도록 재정 지원 제도 운용과 더불어 각종 자원의 지원, 그리고 전문 지식을 콘텐츠 기업에 제공하고 있다.

TAICCA가 가장 공을 들이고 있는 국제행사가 바로 '대만 크

리에이티브 콘텐츠 페스티벌Taiwan Creative Content Festival, 이하 TCCF'이다. TAICCA 출범과 함께 매년 개최되고 있는 TCCF는 대만 내 최대 규모의 글로벌 콘텐츠 전시회다. TCCF는 각국의 콘텐츠를 소개하고 시상해 글로벌 진출을 돕는 피칭Piching, 각국의 유망한 콘텐츠 IP를 직접 거래하는 마켓Market, 그리고 콘텐츠 전문가 강연 중심의 포럼Forum 등 세 개의 섹션으로 나눠서 진행된다.

TCCF를 통해서 대만 정부는 콘텐츠 산업의 글로벌 트렌드를 탐색하고, 국내외 콘텐츠 거래를 활성화시키며, 대만 콘텐츠 기업들과 창작자들이 해외 기관 및 기업들과 교류할 수 있는 장을 제공함으로써 글로벌 진출의 발판을 마련해 주고 있다. 궁극적으로 대만을 '세계적 콘텐츠 강국'으로 도약시키는 것을 목표로 삼고 있다.

2024년 TCCF는 11월 5일부터 8일까지 타이베이시 난강 전시홀Nangang Exhibition Hall에서 개최되었다. 지난해 행사에는 전 세계 93개 이상의 콘텐츠 관련 기관과 기업들이 참가했다. 한국에서는 KOCCA와 경기콘텐츠진흥원GCA이 각각 국내 콘텐츠 기업들을 지원해 행사에 함께 참가했다. 이외에도 태국콘텐츠진흥원THACCA, 부천판타스틱영화제BIFAN를 비롯해 카카오 엔터테인먼트, CJ ENM HK, TV 도쿄Tokyo, 싱가포르 필름 소사이어티Singapore Film Society 등 아시아의 콘텐츠 관련 대표적인 기관과 기업들이 TCCF 2024에 대거 참여해 자국 콘텐츠 산업을 알렸다.

한 해 앞서 열린 TCCF 2023은 개최국 대만을 제외하고 한국이 단연 주목을 받았다. 피칭과 마켓, 포럼 등 모든 분야에서 한국의 콘텐츠 기업들로부터 '한류 노하우'를 배우기 위한 각국 콘텐츠 기업과 제작자들의 구애가 쏟아졌다. 2024년 행사 분위기도 크게 다르지 않았다. TCCF 개막 전부터 홈페이지에서 KOCCA, GCA을 비롯해 한국 기관 및 기업들의 동향을 자세하게 소개하였다. 특히 '포럼' 섹션은 한국을 대표하는 예능 프로그램 제작자 나영석 PD의 기조연설을 마지막 날, 마지막 강연으로 배치해 행사의 피날레를 장식하도록 했다. 나영석 PD는 세계적으로 인기를 얻고 있는 한국 예능 프로그램 제작의 노하우를 공개하였다.

대만 정부뿐만 아니라, 동남아시아 각국은 자국 내 한류 열풍을 지켜보면서 '속앓이'를 하고 있다. 자국 국민들, 특히 젊은층들의 K-콘텐츠 소비는 단순히 콘텐츠 소비에서 끝나는 것이 아니라, 음식과 화장품, 패션 등 소비재 전반의 이용에 큰 영향을 끼치고 있으며, 한류로 표현되는 '한국 문화'가 자국 문화 속으로 가랑비에 옷이 젖듯이 스며드는 것을 경계하고 있다. 더 나아가 동남아시아 개별 국가들을 살펴보면, 특정 한류 콘텐츠나 자국 내 한류 열풍에 대한 '반감'도 감지된다.

한류 확산에 대응하는 차원에서 자국 콘텐츠 산업 육성에 본격 나선 것은 대만뿐만 아니다. K-콘텐츠 선호도가 동남아시아 국가 중 가장 높은 태국 정부도 자국의 콘텐츠 산업 육성을 중심으로 '소프트파워'를 강화하기 위한 전략을 국정의 최우선 순위에 두고 있다. 2024년 8월 태국 최연소 총리로 취임한 패통탄 친나왓Paetongtarn Shinawatra은 집권당 대표 시절 국가소프트파워 전략위원회를 출범시키고 운영을 주도해 왔다. 대만과 마찬가지로 태국 정부도 한국의 KOCCA를 벤치마킹해 2025년 '태국판 콘텐츠진흥원THACCA'을 정식 출범시킬 예정이다.

많은 논란에도 불구하고 한류는 공급자에 의해 만들어진 '문화 전파 현상'이기 보다는 수용자들에 의해 자연스럽게 형성된 일종의 '문화 수용 현상'이다. 따라서 한류를 수용하는 상대 국가나 이용자들의 '문화 감수성' 혹은 다양성을 존중해야 한다. 그런 측면에서 한류의 '공세적 확산 전략'은 도움이 되지 않는다. 해외 일부 학자나 언론이 "한국 정부의 지원으로 한류가 만들어졌다"라고 주장하는 것은 견강부회다. 물론 한류의 초기 형성 및 확산 과정에서 "한국 정부의 역할이 없었다"라고 손사래를 칠 일은 아니다. 지금도 해외 한류 현장 곳곳에서 정부와 기업이 K-콘텐츠의 홍보, 투자 유치 등을 위해 함께 힘을 모으고 있다. 그렇다 하더라도 한류의 지속가능성을 위해서는 정부가 "지원은 하되 간섭은 하지 않는다"라는 정책기조를 분명히 하고, 수출 중심의 한류 정책 목표를 지나치게 강조하는 것을 지양해야 한다.

동시에 정부 차원에서 해외 한류 수용 국가들과의 긴밀한 교류와 협력 역시 필요하다. 특히 콘텐츠 산업을 육성하고 싶어 하는 아시아 국가들과 한류 형성의 역사적, 사회적 맥락을 공유하면서 현지의 콘텐츠 산업 인프라 개발 협력과 같은 맞춤형 협업, 콘텐츠 분야 인적 교류를 비롯한 쌍방향 문화 교류 등을 통해 아시아 전체가 함께 발전하는 한류 기반 '공진화 전략'을 고민해야 할 때다.

한류와 아시아 콘텐츠 산업의 '공진화'는 가능한가

2024년 11월 8일 대만 최대 콘텐츠 전시회인 '타이완 크리에이티브 콘텐츠 페스티벌 2024'(이하 'TCCF 2024')가 막을 내렸다. 해마다 행사 규모를 키워서 2024년에는 아시아 각국에서 93개 콘텐츠 관련 기관과 기업들이 참가, 역대 가장 큰 규모로 진행되었다.

전통적으로 TCCF는 투자자 대상 신생 콘텐츠 기업들의 피칭Piching, 사업자 간 콘텐츠 거래가 이뤄지는 마켓Marketing, 그리고 콘텐츠 전문가들이 경험을 공유하는 포럼Forum 등 세 개의 섹션으로 나눠서 진행된다.

TCCF 2024에는 한국을 비롯하여 일본, 싱가포르, 태국, 베트남 등 아시아 각국의 콘텐츠 기관 및 기업 관계자들이 참여하여 비즈니스와 네트워킹 행사를 밀도 있게 진행하였다. 2023년에 이어 2024년에도 한국콘텐츠진흥원KOCCA, 한국영화위원회KFC, 경기콘텐츠진흥원GCA 등 한국의 콘텐츠 관련 기관과 기업들의 활약이 단연 돋보였다.

행사 첫날의 주인공은 GCA였다. GCA는 TCCF를 주관하는 대만콘텐츠진흥원TAICCA과 업무협약MOU을 체결하여 양 기관 간 장기적 협력체계를 구축하기로 약속하였다. 특히 이번 협약을 통해 GCA와 TAICCA는 양 기관이 주관하는 주요 행사(플레이엑스포, TCCF 등)에 상호 초청을 포함해 글로벌 콘텐츠 시장에서 협력할 수 있는 공동 프로젝트를 추진하고, 장기적인 파트너십을 통해 아시아 콘텐츠 시장에서 '전략적 협력 모델'을 구현하기로 하였다. '대한민국 콘텐츠의 심장'을 표방하고 있는 GCA에 대만 언론은 물론, 'TCCF 2024'에 참가한 각국의 많은 기업(기관)들의 이목이 집중되었다.

KOCCA와 GCA가 공동 개최한 '피칭 이벤트'도 성공적이었다. 양 기관의 지원을 받아 'TCCF 2024'에 참가한 국내 콘텐츠 기업 중 Y·gram, K-Dragon, EUNUHOLDINGS 등 6개 기업이 '살롱 스테이지Salon Stage'에 올랐다. 이번 피칭 이벤트에서 우리 콘텐츠 기업들은 자사의 핵심 IP(지식재산권)를 기반으로 제작한 게임, 캐릭터, 웹툰 등 다양한 콘텐츠를 선보였다. 특히 인공지능AI 기술을 접목하여 개발한 상품이나 여러 디지털 플랫폼을 활용하는 전략을 소개하는 등 한 단계 높은 수준의 콘텐츠 역량을 유감없이 발휘하였다.

다음으로 'TCCF 2024'를 통해서 콘텐츠 산업을 육성하려

한국 콘텐츠기업들의 피칭 행사가 열린 TCCF Salong Stage

는 주최국 대만의 문화부와 TAICCA의 강력한 의지가 행사장 곳곳에서 느껴졌다. 2019년 대만 정부는 시청각Video 및 디지털 콘텐츠, 음악, 애니메이션뿐만 아니라 공연예술 등의 제작과 유통, 개발 및 해외 진출을 지원하기 위해 콘텐츠 육성 전담 기관인 TAICCA를 설립했다. 2000년 '국민의 정부' 시절 우리 정부가 콘텐츠 산업 육성 및 글로벌 경쟁력 강화를 목적으로 출범시킨 KOCCA와 동일한 역할을 맡고 있는 기관이다.

TAICCA가 주최한 TCCF는 글로벌 콘텐츠 산업의 트렌드를 탐색하고, 콘텐츠 거래를 활성화시키며, 대만 콘텐츠 기업 및 창작자들을 해외 콘텐츠 기관 및 기업들과 연결하고, 협업하도록 함으로써 글로벌 진출의 발판을 마련해 주기 위해 대만 정부가 만든 국제 행사다. 이를 통해서 대만의 콘텐츠 산업을 '세계 최강' 수준으로 육성·발전시키는 것을 최종 목표로 삼고 있다.

TAICCA는 대만 영화 및 TV 콘텐츠의 국제 합작 투자, 해외 시장 개척, 새로운 콘텐츠 개발을 위해 해외 콘텐츠 기업 및 기관과의 업무협약MOU을 적극 활용하고 있다. 2023년 TCCF에서는 CJ ENM, 프랑스 국립 영화 및 애니메이션 센터CNC와 MOU를 체결했고, 2024년에는 우리나라 GCA, 싱가포르 Media Corp. 등과 MOU를 체결하였다.

또한 대만의 콘텐츠 정책을 총괄하는 리위안李遠 문화부 부장(장관)은 'TCCF 2024' 개막일에 '문화 및 창조 산업 투자 강화 시행 계획'에 따라서 TAICCA와 중화텔레콤이 공동으로 30억 대만달러(약 1,290억 원) 규모의 '대만 디지털 문화 창조 펀드'를 곧 출범시킬 예정이라고 발표하였다. 이 펀드는 우수한 콘텐츠 제작사 및 프로젝트를 지원하고, 콘텐츠 IP 개발, 대본 인큐베이션, 콘텐츠 해외 시장 배급을 지원하여 대만 콘텐츠 산업의 발전에 기여하는 것을 목적으로 한다.

행사 현장에서 만난 국내 모 콘텐츠 기업의 CEO는 "금년

TCCF에서 대만 콘텐츠 관련 기관이나 기업들은 한국의 콘텐츠를 서로 구매하려고 하기보다는 자국의 콘텐츠를 홍보하고, 판매하려는 의지가 예년에 비해 훨씬 강하게 느껴졌다"라고 현장 분위기를 평가하였다. 우리가 당연하다고 생각하는 K-콘텐츠의 공급자와 수요자 간 일방적 관계가 앞으로도 계속 유지될 수 있을지, 혹시 균열이 발생하고 있는 것은 아닌지 진지하게 살펴볼 필요가 있다는 의견이었다.

또한 여기에서 한 발짝 더 나아가 'TCCF 2024'를 참관하는 동안 "한류와 아시아 각국의 콘텐츠 산업은 공진화 coevolution가 가능할 것인가"라는 질문이 머릿속에서 떠나지 않았다. 대만은 자국 콘텐츠 산업의 육성을 넘어서 글로벌 경쟁력을 확보할 수 있을까? K-콘텐츠 수출을 넘어서 한류가 지향해야 할 가치나 목표는 무엇일까? '지속가능한 한류'를 위해 K-콘텐츠에 담아야 할 아시아(글로벌)적 가치나 요소는 무엇일까? 대만뿐만 아니라 태국, 말레이시아 등 자국 콘텐츠 산업을 육성하려고 하는 각국 정부에 대해 우리 정부와 콘텐츠 기업들은 어떤 입장과 전략을 취해야 할까? 등등의 질문이 꼬리에 꼬리를 물고 일어났다. 쾌도난마처럼 해답을 바로 제시하기보다는 시간을 갖고 공론의 장에서 공감대를 형성하는 것이 선결과제라는 '잠정 결론'을 스스로 내리고 타이베이에서 귀국길에 올랐다.

글로벌 기술 경쟁 시대,
지역 미디어의 미래:
MBC경남은 '어른 김장하'를
다시 만들 수 있을까?

글로벌 시장에서 K-콘텐츠를 중심으로 '한류 돌풍'이 불고 있다. 그러나 국내 방송사들은 '위기상황'이다. 코로나 팬데믹을 전후로 스트리밍 기반의 OTT 서비스가 방송시장을 주도하면서 지상파방송, 케이블TV 등 전통적인 국내 방송사업자들의 경영실적은 곤두박질치고 있다.

먼저 2023년 지상파방송사들의 방송사업 매출액은 2022년 4조 1,551억원에서 4,242억원(10.2%) 감소한 3조 7,307억원으로 크게 떨어졌다. 방송사업자들 중에서 감소폭이 가장 컸다. 매출 감소의 가장 큰 원인은 광고수익 감소이다. 2024년 메이저 지상파방송사 중 한 곳의 광고 매출이 전년 대비 30% 가까이 급감했다는 얘기도 들린다. '추락하는 것은 날개가 없다'고 했던가.

케이블TV의 가입자 감소 추세도 몇 년째 그대로다. 2020년 1,313만명에서 2021년 1,288만명, 그리고 2022년에는 1,268만명으로 가입자는 계속 줄어들고 있다. VOD 매출이나 월간 가입자당 평균 매출액ARPU도 계속 감소 추세다. 미디어 시장 변화를 따라가지 못하거나 내부 혁신이 이뤄지지 않고 있다는 얘기다. 진짜 심각한 문제는 위기의 출구가 보이지 않는다는 것이다.

지상파 방송사 광고매출 추이

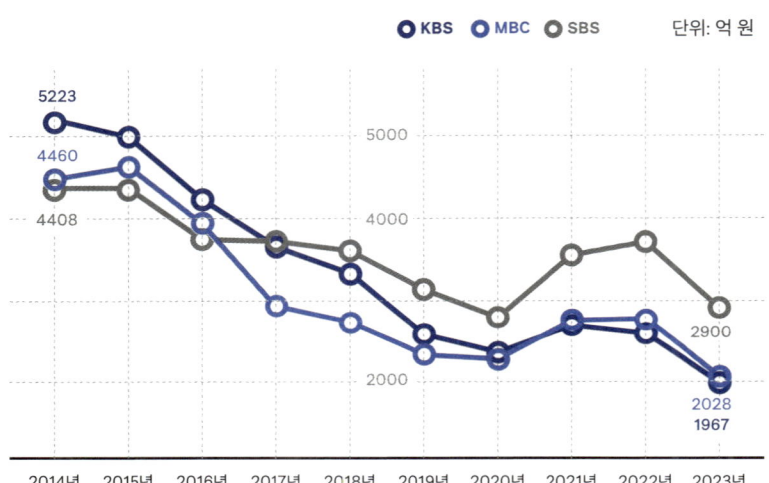

출처: 방송통신위원회, 미디어오늘(2024) 재인용

중앙 지상파방송사들의 경영위기도 문제지만, 지역 지상파방송사들은 한마디로 '고사 직전'이다. 과학기술정보통신부와 방송통신위원회가 발표한 '2023년 방송사업자 재산상황 보고서'에 따르면, 지역MBC(16개사)의 광고매출은 2015년 2,188억원에서 2023년 931억원으로, 같은 기간 지역민방(9개사) 또한 1,612억원에서 855억원으로 절반 이하로 대폭 감소했다. 특히 지역MBC와 지역민방 모두 지난해 광고매출이 사상 처음으로 1,000억원 이하로 추락했다. 그렇다고 다른 방송사업 매출이 늘어난 것도 아니다. 이런 자료를 읽다보면 자연스럽게 "지역 미디어, 특히 지역방송의 미래는 있는가"라는 질문이 나올 수밖에 없다.

2024년 10월 16일 오후 부산 부경대학교에서 한국미디어경영학회와 부경대 지역문화정보융합연구소가 주최한 '글로벌 기술 경쟁 시대, 지역미디어 기업의 미래는 있는가'라는 주제의 세미나가 열렸다. 미국의 저명한 네바다주립대학교 레이놀즈 저널리즘 스쿨Reynolds School of Journalism이 문제의식을 공유하고, 행사에 함께 이름을 올렸다. 이날 세미나에서는 지역 미디어가 직면한 현재의 위기 원인을 분석하고, 위기 극복과 미래 준비를 위한 다양한 의견들이 제시되었다. 세미나에서 나온 전문가들의 생생한 목소리를 중심으로 글을 정리해 보았다.

"'지역 미디어의 미래는 있는가'라는 질문은 잘못되었다. '지역 미디어, 미래를 어떻게 준비할 것인가'라고 물어야 한다." 주최측을 대표하여 개회사 겸 축사를 한 오창호 부경대 지역문화정보융합연구소 소장(미디어커뮤니케이션학부 교수)이 먼저 화두를 던졌다. 세미나 패널로 참석한 전문가들 중, "지역미디어가 위기에 처했다"는데 이의를 제기한 사람은 없었다. "지역방송뿐만 아니라 미디어 산업 전반이 어려운 상황이다. 그런데 우려되는 것은 기술 혁신과 효율성의 속도가 점점 빨라지고 있는데 지역의 경우 이 속도를 따라가기가 더 어려운 것이 사실이다. 이런 상황에서 지역이나 미디어 산업에 대한 정부의 정책적 배려나 지원은 턱없이 부족한 실정이다."

윤석열 정부는 2023년 11월 지방분권, 교육개혁, 혁신성장, 특화발전, 생활복지 등을 주요 목표로 하는 '윤석열 정부, 지방시대 종합계획(2023~2027)'을 발표한 바 있다. 그러나 윤석열 정부가 탄핵으로 막을 내릴 때까지 위기상황에 있는 지역미디어의 육성 및 발전을 위한 '종합계획'을 발표했다는 소식은 들리지 않았다. 다만, 2024년 3월 정부는 국무총리를 위원장으로 하는 '미디어·콘텐츠 산업융합발전위원회'의 논의를 통해 "지역방송 겸영 규제 완화 및 지역 채널 커머스 방송 상시 허용 등 지역방송 경영 여건의 개선을 추진한다"고 발표하였다. 하지만 지역방송 관계자들과 미디어 전문가들은 이런 정도의 정책으로 현재 지역미디어가 직면한 위기상황을 돌파할 수 있을지 의문을 제기하였다. 미디어 시장의 근본적인 변화에 지역미디어가 능동적으로 대응하기 위해서는 정부의 지원과 함께 내부 혁신이 필수다.

"지역방송은 물론, 케이블TV(SO) 같은 유료방송은 이용자의 시청행태나 이용 트렌드를 제대로 파악하지 못했기 때문에 위기에 처했다고 생각한다." "지금까지 레거시 미디어들이 데이터를 가지고 잘 활용한 사례를 찾아보기 어렵다. 장기적인 관점에서 데이터 관리가 중요하다. 데이터는 시장과 시청자(소비자)를 이해하기 위해 매우 중요하다." 어느 누구라고 할 것 없이 세미나 패널로 참석한 전문가들은 미디어 기업에 있어서 이용자 데이터 확보 및 활용의 중요성을 공통적으로 강조하였다. 동시에 지역미디어가 이런 시대적 트렌드를 충분히 따라가지 못하고 있는 현실도 함께 지적하였다.

미디어 서비스가 TV 중심의 매스 미디어 시대를 지나서 모바일 기반의 '퍼스널 미디어 시대'로 들어서면서 데이터의 중요성은 아무리 강조해도 지나치지 않다. 일반 이용자들은 미디어 및 콘텐츠를 비롯한 서비스 이용에 있어서 자신의 취향과 관심에 맞춘 '맞춤형 서비스'를 선호한다. 기술 기반의 이용자 맞춤형 서비스를 통해서 미디어 시장의 게임 체인저Game Changer로 등극한 글로벌 OTT서비스 넷플릭스Neflix가 '미디어 이용자는 변했다'는 것을 분명하게 보여주고 있다. 미디어 이용행태만 바뀐 것이 아니라 미디어 시장의 구조 자체가 변했다.

메조미디어MezzoMedia의 '2023년 소비 트렌드 시리즈'에 따르면 개인화 서비스에 대한 이용자들의 높은 니즈를 확인할 수 있다. 조사결과를 보면, "기업이 나를 개인으로 인식하고 나의 관심사를 알기를 기대한다"는 응답이 72%, "개인화된 커뮤니케이션과 제품을 제공받기를 원한다"는 응답이 71%로 나타났다.

이용자 중심의 개인 맞춤형 서비스를 제공하기 위해서는 '고객 데이터 확보'가 기업 입장에서 가장 중요한 요소라는 것은 더 이상 강조할 필요도 없다. 기업들은 고객 유형, 고객 행동, 관심사, 접촉 채널 등 사용자의 취향 및 행동 데이터를 기반으로 이용자 개인의 관심사 식별을 통해 이용자가 원하는 서비스를 제공한다. 또한 방대한 데이터를 빠르고 정확하게 분석하여 효과적으로

CJB 청주방송의 인공지능(AI) 아나운서

활용하기 위해서 인공지능AI과 같은 첨단 기술을 활용하고 있다.

다른 영역과 마찬가지로 미디어와 테크놀로지의 결합 또한 트렌드를 형성하고 있지만, 지역 지상파방송사의 경우 이와 관련하여 아직 조직 내 공감대 형성이 충분하지 않은 것이 사실이다. 일례로 2024년 3월 CJB 청주방송 노사가 '인공지능 (앵커가 진행하는) 뉴스' 도입을 놓고 충돌하였다. 사측은 "일단 새로운 기술을 시행하고 만약 언론 윤리에 문제가 있거나 부작용이 심하면 중단할 계획"이라고 입장을 밝혔다. 반면 노조는 "인공지능 기술을 도입해 혁신을 추구하는 것이 아니라 목적은 오로지 비용 절감"이라며 반대했다. 다른 지역민방에서도 유사한 갈등이 빚어지고 있다.

방송 제작 현장에 인공지능을 도입하여 아직까지 시간이나 비용을 획기적으로 절감했다는 근거는 충분히 축적되지 않았다. 그러나 뉴스는 물론 다큐멘터리, 예능, 드라마 등 장르를 막론하고 AI를 활용한 다양한 콘텐츠 제작 시도가 이어지고 있다. 최근 급증하고 있는 제작 현장에서 생성AI의 도입은 기회이자 도전이고, 노동자의 입장에서 보면 위기이기도 하다. 분명한 것은 AI 도입을 넘어 생성AI 활용이 산업경제, 사회문화 분야를 불문하고 하나의 큰 트렌드를 형성하고 있다는 것이다. 따라서 지역 미디어를 포함한 방송 조직에서 비용 절감을 목적으로 하든, 혁신과 경쟁력 제고를 목적으로 하든 생성AI의 도입과 활용은 피할 수 없는 현실이 되었다.

그렇다면 "AI를 접목하여 빠른 시간 안에 자료들을 찾아서 지역민의 니즈나 지역민들의 트렌드 분석을 통하여 지역 콘텐츠를 빠르게 제작할 수 있는 방안 검토가 필요"하다. 동시에 "첨단 기술을 활용하여 비용을 절감하면서 효율성을 높일 수 있는 방법도 고민"해야 한다. 무엇보다 지역민들의 미디어 이용행태에 맞춰서 이용자들이 원하는 정보와 콘텐츠를 효과적으로 생산하고 제공할 수 있어야 지역미디어로서 존립이 가능하다. "현실적으로 지역미디어의 경우 AI 기술을 활용하여 콘텐츠를 생산할 수 있는 전문가들이 부족한 만큼, 현직자 대상 (재)교육이 필요하다. 이를 위해 지역미디어가 지역 대학과 협업을 위한 거버넌스를 구축하고 협력체계를 구축·운영하는 것이 중요하다"는 전문가의 제안은 매우 현실성이 있고, 검토해볼만 하다.

2023년 경남MBC가 제작한 휴먼 다큐멘터리 '어른 김장하'는 여러 가지 면에서 큰 화제가 되었다. 사회적 관심을 불러일으키면서 다수의 작품상을 수상한 '어른 김장하'는 OTT 웨이브에 이어 넷플릭스에서 방송됨으로써 지역방송사의 새로운 역사를 썼다. 이와 관련하여 MBC부산 박희문 국장은 "지역미디어 기업들

MBC경남 다큐멘터리 '어른 김장하' 포스터

이 만든 콘텐츠가 넷플릭스와 같은 글로벌 플랫폼에 유통되는 데는 한계가 있다. '어른 김장하'처럼 성공했던 제작 시스템과 경험을 구조화시키지 못하면 일회성 케이스로 끝나게 될 수 있다"고 지적하였다. 궁극적으로 콘텐츠가 수익을 내고 사업과 연결되고 커머스와도 연결되도록 하기 위해서는 안정적인 '롱테일 파이프라인'이 필요하다. 또한 "조직(지역미디어) 내에서 실험적인 콘텐츠를 계속 제작하고 유지하기 위해서는 이를 뒷받침하는 조직 구조와 조직 문화가 갖춰져야 한다"라는 제안도 주목해야 한다.

"지역이 없는데 중앙이 있고, 나라가 있을 수 있을까?" 지역이 위기다. "지역이 소멸하고 있다"는 절박한 주장도 곳곳에서 들린다. 결코 과장이 아니다. '소멸위기 1순위'로 꼽히는 부산의 경우 2023년 출산율은 0.66명이고, 최근 10년간 20만명이 넘는 인구가 수도권으로 유출되었다. 그 가운데 청년은 전체 순유출의 54%인 10만 1,000명이었다. 지역의 위기는 곧 지역대학의 위기이고, 지역미디어의 위기이다. 최종적으로는 국가의 위기이다. 그런데도 지역의 위기가 주요 국가 아젠다로 제대로 다뤄지지 않고 있는 것이 현실이다. 중앙 정부의 정책도 '국가정책 따로, 지역정책 따로'이다. 문재인 정부의 스마트시티Smart City 정책도, 윤석열 정부의 '지역혁신중심 대학지원체계RISE'도 "중앙이 지방을 끌고 가는 정책 기조"에서 크게 벗어나지 못했다. 무엇보다 국가정책, 지역정책에서 지역문화를 보존 및 발전시키고, 지역경제를 활성화시키며, 지역여론 형성 등 민주적 공론장을 제공하는 지역미디어에 대한 배려를 찾아보기 어렵다.

줄탁동시啐啄同時, 한 마리의 병아리가 세상에 나오기 위해서는 병아리와 어미닭이 알의 안과 밖에서 동시에 껍질을 깨는 노력을 해야 한다. 생성AI의 등장으로 개막된 글로벌 기술 경쟁 시대에 지역미디어들은 혁신을 통해서 새롭게 태어나느냐, 아니면 글로벌 트렌드를 쫓아가지 못하고 '낙오'하느냐 하는 갈림길에 서 있다. 지금까지 지역미디어가 지역발전을 위해 수행해왔던 공적 책무를 계속하도록 하기 위해서는 정부의 정책적 지원과 동시에 지역미디어 내부의 뼈를 도려내는 혁신 노력이 요구된다. 돌이켜 보면 어느 순간부터 지역미디어는 항상 위기 상황이었다. 지역미디어 구성원들은 '위기가 아니었던 적이 있던가'라며 스스로 위로를 해왔다. 그러나 이번만큼은 다르다. 단순 위기가 아니라 지역미디어의 존립 자체를 위협하고 있는 '퍼펙트 스톰'이다. 지역미디어가 생존하기 위해서는 정부와 지자체, 지역 미디어 모두 인식의 대전환, 정책과 경영 전략 패러다임의 대전환이 절실한 상황이다. 이것은 '선택'의 문제가 아니라 반드시 성공해야 하는 '책무'다.

당신의 가슴을 뛰게 할 '마법의 단어'가 있는가: 아프리카에서 꿈을 실현하는 청년들

우리는 아프리카Africa에 대해 얼마나 알고 있을까? 아프리카 대륙에 있는 개별 국가들에 대해서는? 그리고 아프리카에서도 K-팝과 드라마를 중심으로 한류가 확산되고 있다는 사실에 관심을 갖고 있는 사람들은 얼마나 될까? 아프리카는 세계에서 두번째로 큰 대륙이다. 면적 기준 우리나라보다 300배 크다. 55개의 나라가 있고, 대륙 전체 인구는 14.5억명이다. 전체 인구수로는 중국이나 인도보다 많다. 현재 아프리카인의 평균 연령은 19세로 인도의 28세, 중국과 미국의 38세보다 현저히 낮다. 젊은층이 많고 인구증가 속도가 빠른 만큼 2050년에는 전 세계인구 4명 중 1명이 아프리카인이 될 것으로 예상한다. 장래에는 비즈니스 영역뿐만 아니라 일상에서도 지금보다 훨씬 더 많이 아프리카인들과 마주치게 될 것이다.

인터넷으로 세계가 연결되면서 아프리카의 역사와 문화를 수시로, 쉽게 접할 수 있게 되었다. 정치는 물론 주요 사건사고 뉴스까지 실시간으로 듣고 보는 시대에 살고 있다. 그만큼 아프리카가 우리 곁으로 가깝게 다가온 것은 사실이다. 그러나 일반인들에게 아프리카는 여전히 잘 모르는 부분이 더 많은 '미지의 영역'이라고 해도 과언이 아니다. 일단 한국과 지리적으로 멀다. 비행기로 가도 하루가 걸린다. 큰 결심을 하지 않으면 여행 가기도 쉽지 않은 곳이 아프리카다. 학계를 봐도 동남아시아에 비해 연구가 많이 되어 있지 않다.

아프리카에 대해 얘기를 할 때 우리나라 사람들은 대륙에 속해있는 개별 국가들을 정확하게 구별하지 않고 얘기를 하는 경향이 있다. 일반적으로 통틀어서 '아프리카'라고 지칭한다. 특정 국가에서 일어난 사건이나 현상을 얘기할 때도 그 나라를 언급하는 것이 아니라, "아프리카에서 어떤 일이 벌어졌다고 한다"는 식이다. 그러다 보니 과도한 일반화의 오류는 물론, 그에 따른 편견도 여과없이 드러낸다.

나도 아프리카를 잘 모른다. 한번도 가보지 않았다. 그런데 몇 년 전부터 아프리카 각국 고위공무원들과 직접 교류하면서 아프리카에 대해 새로운 것들을 알게 되었고, 더욱 많은 관심을 갖게 되었다. SNS를 통해서 소식을 공유하고, 시간이 될 때마다 틈틈이 아프리카 관련 자료를 찾아보고 있다. 그러던 중 2024년 6월 개최된 정부 주관 'Korea-Africa Summit 2024'의 사전행사로 '아프리카와 함께 미래를 만드는 청년들'이란 주제의 강연회가 열린다는 소식을 접하고 행사장으로 바로 달려갔다.

　발표자가 장년, 청년, 남성, 여성인지 여부를 떠나서 아프리카에 진출한 사람들은 왜, 어떤 목적으로 갔는지, 어떤 일을, 어떻게 하고 있는지 궁금했다. 무엇보다 아프리카에 대한 그들만의 경험을 직접 들어보고 싶었다. 이 행사는 아프리카를 무대로 활동하는 청년 강연자 5명이 '세상을 바꾸는 시간(세바시) 15분' 무대를 활용하여 발표하는 형식으로 진행되었다.

　탄자니아에서 뷰티와 의류사업을 하는 청년 여성 창업자, 코로나 팬데믹 기간 동안 아프리카 전문 크리에이터가 된 청년, 자체 개발한 휴대용 UV살균기(정수기)로 아프리카와 동남아시아의 물 문제 해결을 위해 노력하는 청년 CEO, 춤에 대한 열정 하나만 가지고 무작정 아프리카로 떠나서 서아프리카 춤 전문가이자 여행사 CEO가 된 여성 무용가까지.

그들에게 아프리카는 더 이상 오지나 험지가 아니라 자신들의 꿈을 펼치고, 인류애를 실현하고, 열정을 다시 깨우는 '삶의 무대' 그 자체였다. 지역과 인종에 대한 편견을 뛰어넘고 자신들의 꿈을 실현하기 위해 열악한 환경을 오히려 자신들에게 유리한 조건으로 선용하였다. 우리 같은 기성세대가 청년일 때는 아프리카까지 진출할 엄두를 내지 못했는데 요즘 청년들을 보면 역시 독특하고 대범하고 대견하다. 나도 강의를 업으로 하는 사람이지만, 젊은 그들의 강연을 듣고 무언가 기록으로 남기고 공유해야겠다는 '의무감'이 들었다. 다섯 개의 강연 중 내가 인상깊게 느꼈던 세 개의 강연을 소개한다.

"당신 가슴 속에 잠자는 도전 에너지를 깨우는 마법의 단어가 있는가?"

양문희 대표

가장 인상 깊었던 청년은 마지막 강연자로 무대에 선 서아프리카 춤 전문가 양문희 릴리컴퍼니 대표였다. 그녀는 서아프리카 춤을 한국에 최초로 소개했을 뿐만 아니라, 국내 아티스트들을 데리고 아프리카(코티디브아르)에 직접 가서 현지 아티스트들과 함께 춤추고, 연주하는 여행 프로그램을 직접 운영하고 있는 여행사의 대표이다.

양대표는 강연을 시작하자마자, 관중들에게 도발적 질문을 던졌다. "자신을 자유롭게 해방시킬 수 있는 당신만의 단어는 무엇인가?", "당신 가슴 속에 잠자는 도전 에너지를 깨우는 마법의 단어가 있는가?" 예상하지 못했던 질문이었다. 선생님 질문에 바로 답을 해야 하는 학생처럼 나도 곰곰이 생각해 보았다. 12년 전 그녀는 스스로에게 같은 질문을 던지고 그에 대한 답을 찾기 위해 아프리카로 과감하게 떠났다.

그녀는 한국에서 초등학교 때부터 추었던 무용보다는 코트디부아르에서 6시간 동안 춘 아프리카 춤으로 인해 자신의 인생이 달라졌다고 말했다. 자신이 질문한대로 서아프리카 춤을 추면서 가슴 속에 잠자고 있던 도전의 에너지를 깨운 것이다. 그 춤이 자신을 다시 살게 했고, 살아있음을 느끼게 했다고 고백했다. 아프리카 춤을 출 때 그녀는 에너지가 넘쳐흘렀고, 누구보다 행복해 보였다.

"인생에 정답은 없다. 남과 다른 나만의 방식으로 나의 삶을 디자인한다"

오환종 대표

세계보건기구WHO가 발표한 자료에 따르면 전 세계 7억 8천만 여 명에 달하는 사람들이 깨끗한 식수를 이용하지 못하고 있는 등 물문제로 여전히 고통을 받고 있다. 매년 80만명 이상의 사람들이 오염된 식수를 마시고 사망하고 있다. WHO는 국제 기준에 맞게 식수 위생을 관리하는 나라는 전 세계의 25%에 불과하다고 밝혔다.

세계 다른 지역보다 아프리카에 살고 있는 사람들은 특히 심각한 물문제로 큰 고통을 겪고 있다. 아프리카인 10명 중 3명이 물부족에 직면해 있다. 흙탕물이라도 마실 수밖에 없는 극한 조건이다. 기후변화와 무력분쟁으로 인해 물을 제대로 공급받지 못하고 있는 아프리카 어린이들이 2억명에 달한다는 조사결과도 있다. 뿐만 아니라, 비위생적인 환경으로 인해 아프리카인 5명 중 2명이 수인성 질병으로 사망하고 있다.

사회적기업 ㈜tAB를 운영하고 있는 오환종 대표는 휴대용 UV살균기를 개발해 아프리카와 동남아시아 지역 식수문제 해결에 기여하고 있는 청년 창업자다. 휴대용 UV 살균기는 산업디자인을 전공한 그의 졸업작품이었다. 병마개 형식으로 되어 있고, 휴대폰 충전기로 충전이 가능하다. 2023년에는 한국과 우간다 수교 60주년 기념으로 살균기 500대를 우간다로 보냈다. 오대표는 자신이 보급한 살균기가 조산소에 설치되어 신생아들에게 정수된 물로 분유를 타서 먹이는 모습을 보면서 큰 보람을 느꼈다고 한다.

아프리카 못지않게 필리핀과 라오스 등 동남아시아 국가들 또한 오염된 식수로 인해 많은 문제가 발생하고 있다. 오환종대표는 아프리카에 이어서 두 나라 농촌지역에 살균기 2,000대를 보급하여 물 문제를 해결하는데 기여했다. 살균기가 보급된 마을의 수인성 질병 발생률은 3개월만에 60% 이상 감소되었다고 한다. 이 프로젝트의 이름이 The Light of Life, '생명의 빛'이었다. UV 살균기를 통해 정수된 물이 그들에게는 생명수였던 것이다.

모든 사람들이 추구하는 행복의 기준은 무엇일까? 또 성공의 기준은 무엇일까? 행복하기 위해 성공하려고 하는데, 성공하면 행복할까? 우리가 꿈꾸는 행복과 성공은 비례하는가? 우리는 행복, 성공이란 단어를 항상 마음속에 품고 다니지만 그것에 대한 정의나 기준은 흐릿한 경우가 많다.

아프리카와 동남아시아 오지를 찾아다니며 살균기를 보급하고 있는 '청년' 오환종 대표는 행복과 성공을 어떻게 생각할까? "얼마나 돈을 벌었는지를 가지고 따진다면 저는 성공한 사람이 아니지만 그래도 얼마나 행복한지를 가지고 따진다면 저는 충분히 성공한 사람이라고 생각합니다. 왜냐하면 저는 제 일을 할 때 행복감을 느끼거든요. 누군가 저에게 인생의 정답이 무엇이냐고 묻는다면 저는 행복감 그리고 내가 의미있는 일을 하고 있다는 보람이라고 답하고 싶습니다." 그가 생각하는 행복과 성공이다.

"편견으로 가득한 아프리카 정보가 진실일까? 경험이야말로 가장 순도 높은 진실이다"
이소미 대표

첫번째 강연자로 나섰던 이소미 나인티프로덕션 90 Production 대표의 강연도 울림이 있었다. 혼자 탄자니아에 뛰어든 그녀는 현지에서 화장품과 의류사업을 하고 있는 젊은 CEO이다.

탄자니아를 비롯한 아프리카 대부분의 나라에서 스마트폰 사용이 일반화되면서 모바일 커머스가 발전하고 있다. 탄자니아 여성들은 유럽과 미국의 화장품에 익숙한데, 주로 SNS를 통해서 화장품 관련 정보를 공유한다고 한다. 탄자니아 화장품 시장의 연평균 성장률은 8.4%에 달한다.

화장품 시장이 급성장하다보니, 가품까지 등장하면서 '짝퉁 논란'도 심해졌다고 한다. 이대표는 이 점에 주목하여 진품 화장품 홍보를 위해 직접 콘텐츠 제작에 나섰고, 이 경험을 바탕으로 자신의 이름을 딴 ESOMI라는 화장품 브랜드를 만들었다. 그리고 더 나아가 탄자니아 전통 원단을 이용한 의류제작 사업까지 시작했다.

이대표는 자신이 갖고 있는 영어 능력으로 무엇을 할 수 있을까 고민 끝에 탄자니아에 오게 되었다고 말했다. 그녀 또한 탄자니아로 오기 전까지 아프리카의 치안과 위생 문제로 걱정을 많이 했다고 한다. 아프리카에 대한 편견도 많이 접했다. 그러나 막상 살아보니, 탄자니아는 내전도 없고 상대적으로 안전한 나라로 느꼈다고 한다. 그리고 탄자니아에서 당당하게 자신의 꿈을 펼쳐가고 있다. 그녀는 "우리가 알고 있는 아프리카에 대한 정보가 진실일까"라는 질문을 던진 후, "경험으로 얻은 정보만이 진실"이라고 스스로 답을 했다.

5인 5색, 아프리카를 무대로 활발하게 활동하고 있는 청년들은 자신만의 색깔을 갖고 있었다. 아프리카로 향하게 된 이유도, 자신이 갖고 있는 능력도, 하고 있는 일도 달랐다. 그러나 그들에게는 공통점이 있었다. 바로 자신들의 꿈을 실현하기 위해 능력을 펼칠 무대로 아프리카를 선택한 것이다.

내가 그들의 강연에서 주목했던 것은 그들의 성공 이야기가 아니다. 현 단계에서 그들이 성공했다고 성급하게 단정할 수도 없다. 내가 주목한 것은 아프리카로 진출한 그들의 도전정신과 어려운 조건 속에서 자기만의 영역을 개척하고 있는 열정이었다. 아프리카에서 자신들의 미래를 개척하고 있는 청년들은 국경을 뛰어넘고, 편견을 뛰어넘고 그리고 자신들의 한계를 뛰어넘었다. 그들은 계속 발전, 진화하고 있다. 그들의 이야기가 내 가슴을 뛰게 했다. 그것만으로 그들은 존경받을 이유가 충분하다.

나는 우리 정부뿐만 아니라, 기업과 대학, 단체까지 아프리카를 비롯한 해외 진출과 교류를 더욱 확대해야 한다고 생각한다. 그 대열의 맨앞에서 열정과 실력을 갖춘 청년들이 과감하게 아프리카로, 동남아시아로, 중동으로 뛰어들기를 기대하고 응원한다.

제2장

전망과 비전

: K-엔터테크가 만들어 갈 한류의 미래

엔터테크 트렌드 리뷰:
콘텐츠 산업의 혁명적 변화를 이끈 기술들

콘텐츠 산업은 예술과 상업, 창의성과 기술의 접점에서 지속적으로 성장하고 발전해 왔다. 특히 창작자의 상상력은 언제나 새로운 매체와 기술을 만나 표현의 지평을 끊임없이 넓혀 왔다. 기술은 과거 인쇄술에서부터 오늘날 생성형 AI 혁명에 이르기까지 콘텐츠 산업을 확장하고 발전시킨 핵심 동력이었다고 할 수 있다. 무성영화에서 유성영화로, 흑백에서 컬러로, 아날로그에서 디지털로 미디어 기술이 진화할수록 창작자는 더 많은 감각과 서사 구조를 동원할 수 있게 되었고, 동시에 콘텐츠 시장의 확장과 함께 이용자들을 끌어모으면서 상업적으로도 엄청난 성공을 만들어냈다. 먼저 콘텐츠 산업 발전의 몇 가지 장면을 살펴보자.

무성영화에서
생성형 AI 영상 플랫폼까지

장면1

1895년 12월 28일 프랑스 파리 카페 인도스트리엘. 뤼미에르 형제는 세계 최초의 상업영화 '열차의 도착Arrival of a Train'을 상영하였다. '열차의 도착'은 아무런 스토리 없이 열차가 도착하는 장면만을 보여주는 50초짜리 짧은 흑백 무성영화였다. 소리는 존재하지 않았고 극장에 피아노를 설치해 연주를 했다고 한다. 그러나 스크린 속에서 돌진해오는 기차를 본 관객들은 비명을 지르며 의자를 박차고 도망쳤다. 실제로 열차가 화면 밖으로 튀어나올 것이라고 믿었기 때문이다. 당시 관객들에게 영화는 현실과 구분되지 않는 '초현실적 기술'이었다. 움직이는 이미지를 처음 본 관객들은 이것이 예술인지, 과학인지, 마법인지조차 구분하지 못했다. 이 영화를 시작으로 전 세계는 영화에 빠져들었고, 영화시장은 해마다 크게 성장하였다. 한국에서 최초로 상영된 영화도 바로 '열차의 도착'이었다.

장면2

1973년 마이클 크라이튼Michael Crichton이 작가와 감독을 동시에 맡아 제작한 영화 '웨스트월드Westworld'는 미국 SF 영화사에서 중요한 이정표로 남아 있다. 그 이유는 단순히 로봇이 등장하는 미래 세계를 그렸기 때문만은 아니다. 바로 이 영화가 상업영화 최초로 CGIComputer-Generarated Imagery를 도입한 작품이었기 때문이다. 관객들은 대부분 영화 속 CGI의 존재 자체를 명확하게 인식하지 못했지만, 해당 장면의 독특한 시각적 질감은 '이질적 미래감'을 전달하며 강한 인상을 남겼다. 일부 영화 평론가는 "기계가 기계

영화 웨스트월드 포스터

출처: 구글 이미지

를 표현하는 최초의 시도"라는 문화산업 차원의 상징성을 부여하였다.

'웨스트월드'는 1990년대 '터미네이터2', '쥬라기 공원'으로 이어지는 CGI 발전 계보의 시작으로 영화 제작자들에게 스토리텔링과 기술의 결합 가능성, 그리고 이를 통한 새로운 표현 방식의 가능성을 열어주었다. 무엇보다 CGI는 물리적 제약을 초월한 장면 구성, 즉 현실에 없거나 불가능한 세계를 실제처럼 보이게 만드는 기술로 이용자들에게 전례 없는 '몰입감'을 제공하였다. CGI는 SF, 판타지, 슈퍼히어로, 애니메이션 등 고비주얼 장르를 개척하고 상업적으로 크게 성공하게 만들었다. 뿐만 아니라 뮤직비디오, 광고, 게임, VR 콘텐츠 등으로 CGI의 적용 범위가 빠르게 확대되면서 본격적인 '콘텐츠 테크Content Tech 시대'를 열었다.

장면3

2022년 이후 Runway, Pika, Sora(OpenAI) 같은 생성형 AI 기반 영상 플랫폼이 등장하면서 콘텐츠 산업에 새로운 전환점이 만들어지고 있다. 이 플랫폼들은 인간의 언어를 영상으로 전환하는 마법 같은 기술을 구현하고 있다. 텍스트 몇 줄만 입력하면 고화질의 짧은 영상이 자동으로 생성된다. 불과 몇 년 전까지만 해도 전문 스튜디오나 제작자들만이 가능했던 작업을 노트북과 인터넷만 있으면 누구나 할 수 있는 일이 되었다. 생성형 AI 영상 기술은 단순한 자동화가 아니라 콘텐츠 생산과 소비 방식 자체를 재편하고 있다. 기존 콘텐츠 제작 현장에서 활용은 물론, 짧은 시간에 저비용으로 영상을 대량으로 만들어낼 수 있게 됨으로써 실시간 마케팅, 이커머스 영상, 쇼폼 콘텐츠 등에서 새로운 기회를 열어주고 있다. 반면 전통적인 콘텐츠업계는 위기감을 감추지 못하고 있다. 2023년 미국 할리우드 작가노조WGA의 파업이 단적인 예이다. 당시 파업은 생성형 AI의 등장과 그것이 가져올 일자리 위협, 저작권 이슈 등이 주요 원인이었다.

오픈AI의 영상생성형 AI모델 Sora로 만든 영상 화면

출처: 구글 이미지

콘텐츠 테크에서
엔터테인먼트 테크(엔터테크)로 발전

콘텐츠가 기술과 결합하면서 콘텐츠 산업의 지형을 바꾸고 있다. 단순한 촬영 장비나 편집 소프트웨어의 개선을 넘어 이제는 AI가 스토리를 만들고, 가상 아이돌이 공연을 하며, 팬들과의 관계도 온라인 플랫폼이 설계하는 시대에 진입했다. 이런 대전환 속에서 자주 등장하는 두 용어가 있다. 바로 '콘텐츠 테크'와 '엔터테크'이다. 두 용어는 비슷해 보이지만, 콘텐츠 산업의 미래를 바라보는 관점에서 분명한 차이점이 있다.

먼저 콘텐츠 테크는 콘텐츠 산업 전반의 디지털 전환과 효율화를 위한 기술을 말한다. 영상, 음악, 출판, 교육 등 콘텐츠의 모든 장르에서 활용되며, 생성형 AI, 추천 알고리즘, 자동 편집, 클라우드 제작 시스템 등이 대표적이다. 예를 들어 넷플릭스는 시청자의 데이터를 분석해 최적의 콘텐츠를 추천하고 AI로 시나리오를 분석해 흥행 가능성이 높은 작품을 미리 선별한다. 유튜브에서는 썸네일 자동 생성, 영상 챕터 자동 설정 등이 이미 구현되고 있다. 콘텐츠 테크는 말 그대로 콘텐츠를 더 똑똑하게, 더 빠르게, 더 많이 생산하고 유통하게 만드는 기술이다.

반면 엔터테크는 기술을 통해 팬 경험을 극대화하는 데 초점을 맞춘다. 주로 엔터테인먼트 산업, 특히 K팝, 공연, 팬덤, 연예계를 중심으로 발전해 왔다. 팬 커뮤니티 플랫폼, 버츄얼 휴먼 아티스트, 메타버스 콘서트, NFT 굿즈 등을 예로 들 수 있다. 대표적으로 BTS의 글로벌 팬 플랫폼 '위버스Weverse'는 아티스트와 팬 간의 디지털 접점을 구조화했고, 블랙핑크의 가상 콘서트나 카카오엔터의 AI 기반 캐릭터 프로젝트는 현실을 넘어서는 팬 경험을 실현하고 있다. 기술을 활용하여 이용자의 경험을 혁신한다는 측면에서 넷플릭스 같은 스트리밍 플랫폼의 인터랙티브 기술 및 서비스를 엔터테크에 포함시키기도 한다.

콘텐츠 테크와 엔터테크 이 두 용어는 상호 보완적 관계이다. 콘텐츠 테크가 콘텐츠를 잘 만드는 기술이라면, 엔터테크는 그 콘텐츠에 몰입하고 감정적으로 연결되게 하는 기술이다. 일례로, AI로 시나리오를 만든 애니메이션 캐릭터가 팬 커뮤니티 플랫폼에서 활동하고, 그 캐릭터가 메타버스 콘서트에 등장해 팬들과 소통하는 구조 등 전체 흐름이 콘텐츠 테크와 엔터테크의 결합이다. 엄밀하게 정리된 것은 아니지만, 엔터테크는 콘텐츠 테크를 포함하면서 콘텐츠 생산과 소비 등 엔터테인먼트 가치사슬 전 분야에서 기술을 통해 새로운 경험을 창출하고, 산업 생태계를 조성하며, 산업 자체를 혁신하는 것을 목표로 한다. 산업적 분류로 보더라도 엔터테인먼트 산업이 콘텐츠 테크를 활용하는 방송, 영화, 음악, 광고 산업 등을 포괄한다는 점에서 엔터테크를 좀 더 큰 상위의 개념으로 볼 수 있다.

엔터테크를 기반으로 확장되고 발전하는 산업 생태계

2020년대 콘텐츠 및 엔터테인먼트 산업의 가장 큰 변화는 기술이 단지 도구가 아니라 '창작의 주체'가 되었다는 점을 들 수 있다. 전통적으로 콘텐츠는 인간의 상상력과 예술성을 중심으로 구성되고 작동하였다. 그러나 지금은 AI가 작곡하고, 버추얼 아이돌 그룹이 메타버스 공연장에서 콘서트를 개최하며, 팬들이 NFT를 통해서 콘텐츠를 소유하고 스토리에 투자한다. 이처럼 엔터테크는 콘텐츠를 포함 기존 엔터테인먼트 산업을 기술적으로 혁신·발전시키고, 이를 통해 새로운 형태의 경험과 비즈니스 모델을 만들어내고 있다. 최근 흐름들을 정리해 보면 다음과 같다.

첫째, 창작의 주체가 다양해지고 있다. 이제 콘텐츠는 기업이나 창작자만의 것이 아니다. AI, 팬 등 다양한 주체가 함께 창작 과정에 참여하고 만들어가는 공동 창작물로 진화하고 있다. 둘째, 유통 구조 역시 급변하고 있다. 메타버스, OTT, 팬덤 플랫폼 등의 등장은 전통 미디어 중심의 유통 경로를 해체하고, 플랫폼 중심의 분산형 생태계를 만들고 있다. 하이브의 위버스나 SM의 뮤직네이션Music Nation, CJ ENM의 버추얼 스튜디오Virtual Studio 등은 대표적인 사례이다. 셋째, 엔터테크는 단순히 콘텐츠를 효율적으로 관리하는 것에서 그치지 않고 사용자 경험을 혁신하는 것을 목표로 한다. 가상현실, 증강현실, 메타버스 등 확장현실XR 기술의 활용과 관련 콘텐츠의 증가는 사용자로 하여금 콘텐츠에 더 깊이 몰입하게 하고, 새로운 방식으로 소비하게 만든다. 넷째, 이용자의 역할이 근본적으로 변화하고 있다. 이용자는 단지 소비자가 아니라 경험자, 창작자, 유통자, 투자자의 역할을 수행하고 있다. 이용자들이 투표로 드라마 결말을 결정하고, 팬픽션이 실제 콘텐츠 제작으로 연결되는 사례도 이제 낯설지 않다. 한마디로 엔터테크는 콘텐츠의 제작 프로세스, 소비 방식, 콘텐츠와 이용자 간 인터랙션 그리고 엔터테인먼트 비즈니스 모델 전반을 변화시키고 있다.

지금까지 살펴본 것처럼 엔터테인먼트 산업은 '혁신을 통한 가치 창출'이 가장 중요한 키워드가 되고 있다. 그 중심에 테크놀로지, 즉 기술이 있다. 엔터테인먼트 테크놀로지 발전 속도는 생각했던 것보다 훨씬 빨라지고 있다. 앞으로 글로벌 엔터테인먼트 시장은 이러한 기술 트렌드를 선점하고, 소비자들의 니즈를 선제적으로 파악하며, 다양한 창작자와 협업하고, 팬 중심의 생태계를 구축해 나가는 플레이어가 주도할 가능성이 매우 크다. 따라서 변화와 혁신을 두려워하지 않고 적극적으로 도전하는 기업, 창작자, 그리고 팬들이 미래 엔터테인먼트 시장을 주도하는 세력이 될 것이라는 점은 자명하다. 엔터테크 기반 콘텐츠 및 엔터테인먼트 시장의 '혁명적 변화'는 이제 시작이다.

엔터테인먼트와 테크놀로지의 결합이 만들 한류의 미래

"예술의 역사란 기술의 역사다 The history of art is the history of technology". 인간과 기술, 그리고 예술의 상호작용을 연구한 체코 출신 미디어 철학자 빌렘 플루서 Vilem Flusser에 따르면 예술은 단순한 미적 표현이 아니라 창작자가 사용하는 '기술이나 도구'에 따라서 만들어지고 변화되는 존재라고 규정할 수 있다. 인쇄술의 발명으로 지식의 생산이나 전파 방식이 바뀌고, 사진 기술의 등장으로 이미지 제작 방식에 근본적인 변화가 초래된 것이 대표적인 예이다.

20세기는 대중 미디어 Mass Media의 시대였고, 미디어는 다양하고 새로운 형태의 콘텐츠를 끊임없이 만들어냈다. 지난 세기에 미디어 및 콘텐츠 산업의 눈부신 발전에 가장 큰 영향을 미친 요인을 꼽으라고 한다면 단연 기술 Technology의 발전이라고 말할 수 있다. 특히 디지털 기술의 발전과 콘텐츠 산업 발전은 '동전의 양면'이라고 표현할 수 있다. 그만큼 기술은 미디어 및 콘텐츠 산업에 심대한 영향을 끼쳤다.

미디어 기술의 역사는
콘텐츠 기업의 역사

미디어 기술의 발전은 제작 프로세스, 콘텐츠 형태뿐만 아니라, 이용자들의 미디어 이용행태, 최종적으로 콘텐츠 산업의 구도를 크게 변화시켰다. 실제로 콘텐츠 기업의 역사는 미디어 기술 발전의 역사라고 해도 과언이 아니다. 인쇄 매체에서 전파 매체로, 라디오에서 TV로, 흑백TV에서 컬러TV로, 아날로그 방송에서 디지털 방송으로 발전은 미디어 및 콘텐츠 기업의 흥망성쇠와 맥락을 같이 한다. 그 자체가 산업과 시장의 역사이기도 하다. 드라마, 가요, 영화, 웹툰 등 다양한 장르의 K-콘텐츠를 중심으로 형성, 발전된 한류의 역사도 크게 다르지 않다.

1990년대 후반 '컬러TV 시대' 아시아에서 싹을 틔운 한류는 '인터넷 시대', '모바일 시대'를 거치면서 전 세계로 확산되었고, 코로나 팬데믹을 전후로 한 'OTT 시대'에 진입하면서 최고의 전성기를 누리고 있다. 물론 그 단계들을 '칼로 무를 자르듯' 획일적으로 구분할 수 있는 것은 아니다. 바통을 이어받으며 앞으로 나아가는 '이어달리기'를 하듯, 양적 축적이 질적 변화로 이어지는 것처럼 한류는 계속 진화, 발전해 왔다.

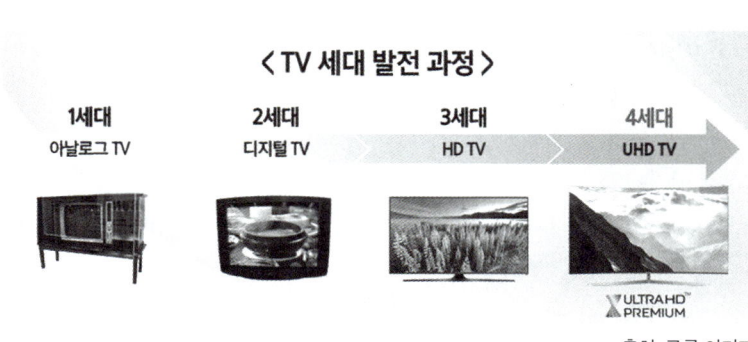

출처: 구글 이미지

컬러TV 시대의 개막, 한류의 태동

연구자에 따라서 약간의 차이는 있으나, 정책 영역에서 논의를 바탕으로 분류하면 한류의 발전 과정은 한류1.0을 시작으로 현재 한류4.0 단계에 들어와 있다고 할 수 있다. 학계 연구자들이나 현업에 종사하고 있는 이들도 크게 이견은 없다.

한류1.0(1997~2000년대 초반)과 한류2.0(2000년대 초반~2010년대 초반) 단계에서는 TV라는 전파 미디어를 중심으로 콘텐츠가 제작 및 공급되고, 이용자들의 이용이 이뤄짐에 따라서 (중동과 남미 지역에서 한류가 일어났음에도 불구하고) 아시아 지역을 넘어서 글로벌로 크게 확산되기에는 한계가 있었다. 콘텐츠의 장르 또한 드라마와 가요 중심이었고, 일부 영화가 '아시아권' 한류 붐 조성에 기여한 정도였다.

유튜브와 넷플릭스, 한류의 전 세계적 확산

2000년 전후로 방송과 통신의 융합이 글로벌 트렌드로 나타났다. 디지털TV로 전환 및 제작 시설과 장비의 디지털화가 본격 시작되었으며, 콘텐츠 또한 고화질HD 제작이 자리를 잡기 시작하였다. 특히, 2010년 4세대 이동통신LTE 시대가 본격적으로 열리면서 '손 안의 방송국'이라고 불린 모바일 기기와 소셜 미디어(Social Media, 이하 'SNS') 기반의 한류3.0(2010년대 초반~2019년) 시대가 개막했다.

'Personal Media' 시대의 도래는 한류 콘텐츠에 대한 전 세계 이용자들의 접근 및 이용을 용이하게 함으로써 한류 확산의 기폭제 역할을 했다. BTS, 블랙핑크의 글로벌 팬덤 형성도 2000년 이후 '글로벌 IT붐', 특히 SNS의 폭발적 성장과 흐름을 같이 했다. 유튜브YouTube를 통해 전 세계적인 히트를 기록한 싸이의 '강남스타일'(2012) 뮤직 비디오가 대표적인 수혜자라고 할 수 있다. 싸이의 강남스타일 뮤직 비디오는 영상 공개 161일만에 유튜브 조회수 10억 뷰를 달성하면서 유튜브의 역사를 새롭게 기록하였다. 2023년 12월 30일에는 K팝 최초로 조회수 50억 뷰를 돌파했다. 유튜브라는 글로벌 플랫폼이 있었기 때문에 '강남스타일'의 대성공이 있었다는 평가에 고개가 절로 끄덕여진다.

"SNS 덕분에 BTS가 성공할 수 있었다." BTS를 키운 하이브(당시 빅히트엔터테인먼트)의 방시혁 대표의 말이다. 방대표는 '2017년 엠넷 아시아 뮤직어워드 시상식 기조연설'에서 "최근 몇 년간 소셜 미디어가 대두되고 온라인 플랫폼이 다변화되면서 음악 산업의 축이 거세게 흔들렸다"고 말했다. 결론적으로 "BTS는 SNS가 기존 미디어의 흐름을 바꾼 좋은 예"라고 설명하였다. "BTS의 성공이유를 '컨셉 스토리텔링'이 아닌 SNS로 꼽은 것은 편협하다"는 비판도 일리가 있지만, SNS라는 새로운 미디어의 등장과 확산이 BTS의 글로벌 성공을 뒷받침했다는 것은 부정할 수 없는 사실이다.

코로나 팬데믹을 거치면서 한류4.0(2020년 이후~) 시대에 진입하였다. 코로나 팬데믹으로 인해 사회경제적 봉쇄Shutdown가 장기간 지속되었지만, 오히려 모바일 기반의 비대면 경제 및 문화 소비의 시대가 활짝 열리는 계기가 되었다. 한류 발전의 역사 측면에서 보면 커다란 전환점이 되었다고 할 수 있다. 한류4.0 시대는 넷플릭스Netflix로 대표되는 OTT와 넷플릭스 오리지널 '오징어게임'(2021)을 빼놓고 얘기할 수 없다. OTT의 '주류 미디어화'는 당연히 지상파방송, 케이블TV 등 레거시 미디어의 쇠퇴와 동시에 나타난 현상이다. 즉 콘텐츠 제작과 유통, 이용 측면에서 미디어 시장의 '주류 교체'가 일어났다.

전문가들은 콘텐츠와 테크놀로지, 그리고 가입 모델 등 세 가지를 넷플릭스 성장의 핵심 요소로 꼽고 있는데, 이 가운데 지금의 '글로벌 미디어 제국'을 만드는 데 가장 큰 역할을 한 것이 테크놀로지라는데 이의를 제기하는 사람은 없을 것이다. 기술적인 측면 외에 콘텐츠 유통 플랫폼으로서 넷플릭스의 가장 큰 장점은 3억 명이 넘는 전 세계 시청자들을 대상으로 콘텐츠를 동시에 제공할 수 있다는 점이다. 즉 넷플릭스가 진출해 있는 지역이라면 실시간으로 동일한 콘텐츠 공급과 콘텐츠에 대한 반응도 실시간으로 확인이 가능하다. 특히 넷플릭스 이용자들은 SNS를 통하여 자신들의 시청 경험을 공유하며 콘텐츠에 관한 정보를 빠르게 확산시킴으로써 K콘텐츠가 '글로벌 흥행작'이 되는데 큰 기여를 하였다. 오징어게임 이외에 '지금 우리 학교는'(2022), '이상한 변호사 우영우'(2022), '더 글로리'(2022) 등이 이러한 공식을 충실하게 따르면서 글로벌 흥행작 대열에 합류하였다.

지금까지 살펴본 바에 따르면 "콘텐츠의 역사는 기술의 역사"라고 할 수 있을 정도로 미디어 환경의 변화와 콘텐츠의 혁신, 그리고 이용자의 이용행태 변화는 상호 밀접한 관계가 있다. 특히 모바일과 SNS의 확산, OTT의 주류 미디어화 등 미디어 기술의 발전과 한류의 세계적 확산이라는 '이용 트렌드'의 변화는 매우 긴밀한 관계를 보여주고 있다.

생성AI가 바꿀 콘텐츠 산업과 한류의 미래는?

2022년 11월 오픈AI의 챗GPT 등장 이후 "창작 능력을 갖춘 인공지능 기술"로 정의되는 생성AI 시대가 개막되었다. 전문가들은 AI를 인터넷 발명 이후 가장 중요한 기술 발전이라고 본다. AI가 주목을 받는 이유는 AI 기술이 모든 산업 영역에 적용되는 범용기술GPT이기 때문이다. 실제로 지난해나 금년 세계 최대 IT 전시회인 CES(미국 라스베이거스)와 MWC(스페인 바르셀로나)의 화두는 'AI for All' 또는 'All for AI', 즉 AI가 전 산업 영역으로 확산되고 활용되는 현상이었다.

생성AI는 콘텐츠 창작을 비롯한 제작 환경과 플랫폼 환경에 큰 영향을 미칠 것으로 전망되고 있다. AI는 영화와 드라마 제작 현장은 물론, 음악의 창작과 제작 영역을 넘어 유통 영역까지 개입하고 있다. 미국 엔터테인먼트 전문 매체 버라이어티Variety는 최근 콘텐츠 제작에서 생성 AI 솔루션 툴의 사용 빈도가 급속하게 증가하고 있는데, 이는 "인터넷 30년 역사 중 가장 빠른 확산 속도"라고 분석하였다.

챗GPT 개발사인 미국 오픈AI가 2024년 2월 15일 공개한 AI 서비스 소라Sora는 간단한 명령어만 입력하면 고화질의 동영상을 제작할 수 있는 시스템으로 세상을 깜짝 놀라게 했다. 2024년도 디지털 서비스 전문 리플라이 AIReply AI가 개최한 'AI 필름 페스티벌'에는 한국 포함 전 세계 59개국에서 1,000편 이상의 작품이 출품되었다. 부천국제판타스틱영화제BIFAN를 비롯하여 세계 각국 영화제에 'AI 부문'이 속속 신설되고 있다.

2024년 9월 SM엔터테인먼트는 첫 버추얼 아티스트 '나이비스'를 데뷔시켰다. SM엔터테인먼트는 "AI 보이스 기술로 구현되는 목소리, 생성형 AI로 제작되는 콘텐츠 등을 통해 음악뿐만 아니라 웹툰, 게임, 브랜드 콜라보레이션 등 IP(지식재산) 유니버스를 확장할 계획"이라고 발표하였다.

SM엔터테인먼트의 첫 버추얼 아티스트 '나이비스'

콘텐츠 제작에 최적화된 AI 기술의 고도화, 막대한 투자에 상응하는 성과를 거둘 수 있는 새로운 비즈니스 모델 개발 등이 수반되어야 하는 과제가 있는 것도 사실이다. 그렇다고 거대한 '쓰나미'처럼 밀려오는 생성 AI 시대의 도래를 콘텐츠업계가 거부하거나 부정할 수는 없다. 엔터와 테크의 결합은 '예정된 미래'이기 때문이다.

미국의 대표적인 AI 콘텐츠 스튜디오인 라이온스게이트 스튜디오Lionsgate Studio의 공동 창업자이자 CEO인 크리스토발 발렌수엘라는 "우리는 아티스트, 크리에이터, 스튜디오에 작업 환경을 불어넣는 새롭고 강력한 도구(AI)를 제공하기 위해 노력하고 있다"며 "예술의 역사는 곧 기술의 역사이다. 그러나 AI로 인한 (본격적인) 변화는 아직 시작되지도 않았다"라고 설명하였다.

그렇다면, 생성AI는 한류에 어떤 영향을 미치고, 우리는 어떻게 대응해야 할까?

첫 번째 질문, 생성AI 시대의 도래는 한류 확산에 긍정적일까? 부정적일까?

콘텐츠 전문가들은 대체로 생성AI 시대의 도래가 한류의 외연을 더욱 확장시킬 것으로 전망하고 있다. 앞서 살펴본 AI 기반 버추얼 아티스트를 활용한 버추얼 콘텐츠 제작, 온라인 공간에서 아티스트와 이용자(관객)들이 상호작용하는 인터랙티브 콘텐츠 및 서비스도 새롭게 등장하고 있다. 김종민 부천국제판타스틱영화제 XR 큐레이터는 "디지털 기술의 발전이 콘텐츠의 많은 영역을 바꿀 것이다. 콘텐츠 산업계가 재편되며 대규모 확산 배포의 경제에서 '소규모 몰입형 개인화 경제'로 발전할 것"이라고 전망하였다.

네이버웹툰은 '스토리 테크Story Tech' 기술을 도입하였다. 웹툰 제작에 AI를 활용하고, 소셜미디어를 통해서 웹툰이 해외에 소개되면서 전체 이용자의 80%가 해외에서 유입되고 있다. 또한 저작권 보호를 전제로 웹툰 이용자 스스로 AI기술(툰필터)을 통해서 콘텐츠를 변형하도록 만드는 서비스가 폭발적 인기를 끈 사례도 주목할 필요가 있다. 네이버웹툰은 창작자, 사업자, 이용자 모두에게 도움이 되는 방향으로 AI 기술을 활용할 계획이라고 발표하였다.

생성AI 기술의 발전으로 인해 언어 장벽이 낮아지는 것도 한류 확산에 긍정적 영향을 기대하게 만든다. 챗GPT를 비롯한 대형언어모델LLM 기반 서비스가 등장하면서 실시간 오디오 번역이 가능, 콘텐츠 재제작 및 이용에 있어서 장벽이 현저하게 낮아지고 있다. 이로 인해 한류 확산의 속도 및 지역적 범위도 훨씬 넓어질 것으로 기대가 된다. 실제로 하이브는 AI 오디오 기업 슈퍼톤의 '다국어 발음 교정 기술'과 '보이스 디자이닝 기술'을 활용해 한국어·영어·일어는 물론 스페인어·중국어·베트남어 등 6개국 언어로 신곡을 발표하였다. 하이브는 "이들 6개국 언어는 전 세계 인구의 약 절반을 커버하고 있다"고 설명하였다.

두 번째 질문, 글로벌 플랫폼에 대한 의존도는 강화될 것인가, 약화될 것인가?

한류의 발전 과정에서 살펴본 것처럼, 2010년대 이후 한류가 전 세계적으로 확산될 수 있었던 배경은 유튜브, 페이스북, 넷플릭스와 같은 글로벌 인터넷 플랫폼의 역할이 절대적이었다. 생성AI 시대에도 이들 글로벌 플랫폼의 위상 및 영향력은 결코 줄어들지 않을 것이다. 최근 몇 년 동안 생성AI 기술에 대한 대규모 투자 및 기술 개발이 이들 기업 주도로 진행되고 있는 점을 고려한다면, 글로벌 거대 플랫폼의 지배력은 앞으로 더욱 강화될 것으로 전망해도 크게 문제가 되지 않을 것이다.

최근 몇 년 동안 유튜브와 OTT 등 글로벌 플랫폼은 TV와 영화관 같은 전통 미디어의 역할을 대체해 왔다. 그 속도는 점점 빨

글로벌 디지털 플랫폼

출처: Pixabay

라지고 있다. 문화체육관광부와 한국국제문화교류진흥원이 발표한 '2023년 해외 한류 실태조사' 결과를 보면, 해외 26개국 한국 문화콘텐츠 경험자 2만5,000명을 대상으로 한 조사에서 드라마(67.6%), 영화(70%)의 경우 넷플릭스의 이용 비중이 압도적이었다. 예능(67.6%), 음악(81.1%), 애니메이션(66.1%)은 유튜브를 통해 이용하는 비중이 크게 높았다. 한류 콘텐츠와 글로벌 플랫폼 간의 관계를 보면, 지금까지는 양자 간 Win-Win 관계라고 볼 수 있다. 그러나 글로벌 플랫폼에 대한 과도한 의존 현상은 한류 콘텐츠와 국내 제작 시스템의 '종속' 논란을 불러일으키고 있다.

한류라는 강력한 '콘텐츠 파워'에 비해 글로벌 차원에서 콘텐츠를 유통시키는 플랫폼이 없다는 것, 즉 '플랫폼 파워'가 약하다는 것은 우리 콘텐츠 산업의 구조적 약점으로 볼 수 있다. 따라서 최소한 국내 OTT 가운데 하나 정도는 글로벌로 직접 진출해야 한다는 지적이 오래 전부터 있었다. 생성AI 시대에도 '한류의 지속가능성' 차원에서 절대적으로 필요한 전략이다. 국내 OTT 플랫폼이 해외로 직접 진출하여 콘텐츠 투자와 제작을 주도하고, 해외 판매도 담당하며, 현지 기업들과 전략적 제휴도 추진하면서 글로벌+로컬 차원의 디지털 콘텐츠 유통망 역할을 해준다면 우리 콘텐츠의 글로벌 경쟁력은 훨씬 커질 것이다.

세 번째 질문, 생성AI 기반 소셜 비디오 시대의 도래에 따른 한류의 대응 전략은?

미국 엔터테인먼트 전문 매체 버라이어티는 영상Video 시장이 지상파Brocast가 방송을 독점하던 시기를 지나 유료방송Cable이 방송 플랫폼을 주도하던 시기를 마감하고 OTT 시대로 진입한 지 10년(2010~2020년)이 지났으며 이제 '소셜 비디오Social Video 시대'를 맞이하고 있다고 분석하였다. 소셜과 비디오의 합성어인 소셜 비디오는 소셜 미디어SNS의 기능과 비디오의 기능이 합쳐진 서비스를 의미한다. 소셜 비디오는 SNS 상에서 참여 활동을 유도하고 이용자들의 관심을 끌기 위해 특별히 제작된 짧은 형태의 비디오라고 할 수 있다. 동영상을 손쉽게 만들 수 있도록 도와주는 생성AI 툴의 등장은 소셜 비디오 시대를 앞당기고 있다.

국내외에서 숏폼 이용량이 크게 늘어나는 것 등을 근거로 소셜 비디오 시대가 본격 개막되었다고 보는 전문가들이 많다. 한류의 전 세계적 확산 과정에 유튜브, 페이스북 등 SNS가 끼친 막대한 영향을 고려할 때, 소셜 비디오 시대의 개막은 한류의 미래에 영향을 미칠 중요한 변수로 보아야 한다.

프리사이즈TVPrecise TV가 미국 2~12세 어린이(알파 세대)의 동영상 소비습관을 분석한 보고서 2024 Precise Advertiser Report-Kids를 보면, 이들 세대는 TV 프로그램보다는 소셜 비디오와 이용자 제작 콘텐츠를 더 많이 이용하는 것으로 나타났다. 알파 세대는 2024년 소셜 비디오를 시청하는 데 총 5.87시간을 사용한데 반해 스트리밍 서비스는 5.48시간 소비할 것으로 예상하였다.

2010년 이후 출생한 알파 세대가 10대가 됨에 따라서 미디어 & 엔터테인먼트업계는 이들의 소비 성향을 예의 주시하고 있다. 향후 10년간 미디어 플랫폼의 변화를 알파 세대가 주도할 가능성이 크기 때문이다. 이 조사에서 틱톡은 알파 세대에게 가장 주목받는 소셜 미디어 서비스로 나타났다. 프리사이즈TV는 "미디어 산업은 급변하는 소비자 선호도와 기술 발전에 따라서 지속적인 변화를 겪을 것이며, 소셜 비디오와 이용자 제작 콘텐츠의 부상은 미디어 산업의 미래를 정의할 중요한 요소가 될 것"이라고 전망했다.

한국국제문화교류진흥원이 발표한 '2023년 해외 한류 실태조사' 결과를 보면, 동남아시아 한류 이용자들은 주로 소셜 미디어를 통해서 한류와 관련된 정보를 검색하고, 유튜브와 넷플릭스 OTT를 통해서 한류 콘텐츠를 이용한다. 그리고 다시 소셜 미디어에 자신들이 경험한 한류 관련 소식을 공유하면서 한류를 확산시켜 나가고 있는 것으로 나타났다. 이런 자료를 토대로 유추해 보면, 소셜 비디오 시대의 전개와 향후 한류 확산 트렌드는 일정 정도 상호 영향을 주고받으면서 전개된다고 보는 것이 합리적일 것이다.

네 번째 질문, 생성AI 시대 지속 가능한 한류를 위한 혁신 방안은?

BTS, '오징어게임', 영화 '기생충'과 윤여정의 오스카상 수상 등 코로나 팬데믹 시기를 전후로 우리 콘텐츠와 아티스트가 거둔 성과는 세계인들을 깜짝 놀라게 했다. 다수의 국내외 전문가들이 한류의 성공요인을 분석하는 가운데 이장우 경북대 교수는 "창의적인 문화상품을 창조하는 우리 문화산업의 혁신 역량"을 주된 성공 요인으로 제시했다. 특히 K-팝의 경우 신제품 개발(듣는 음악에서 보는 음악으로의 혁신), 신 생산방법의 도입(아이돌 프로듀싱 시스템 등 Culture Technology 개발), 신 시장 개척(전 세계 마니아층을 대상으로 틈새 시장을 개척함으로써 팬덤 시장 조성) 등 세 가지 혁신을 이루어냈다고 분석한 바 있다.

'K-pop Innovation'을 만든 모멘텀(Momentum)

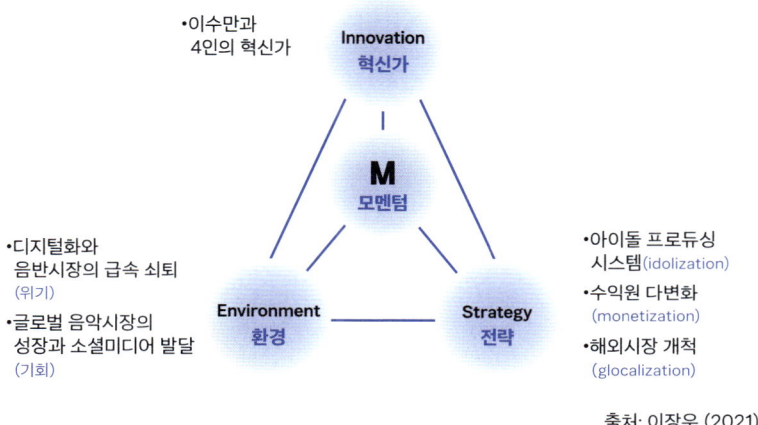

출처: 이장우 (2021)

한류 전문연구자인 진달용 캐나다 사이먼프레이저대 특훈교수는 한류의 특징 가운데 하나로 다양한 문화 콘텐츠가 꼬리에 꼬리를 물고 발전하고 있다는 점을 꼽았다. 드라마와 영화에서 시작된 한류가 K팝 열풍으로 이어졌고, 온라인 및 모바일 게임에 이어 최근에는 웹툰이 바통을 이어받아 한류 열풍을 이어가고 있다. 또한 한류는 대중문화와 디지털 기술의 융합이라는 특징을 보이고 있다. 게임과 e스포츠, 그리고 웹툰 같은 '디지털 한류'가 전 세계적으로 확산되고 있는 점에 주목할 필요가 있다. 여기에서 알 수 있듯이 한류는 끊임없이 새로운 장르를 발굴·개척하고, 첨단 기술과의 융합 및 글로벌 플랫폼과의 전략적 협업을 통해서 성장하고 발전해 왔다. 전 세계적인 한류 확산의 원동력은 바로 뛰어난 '혁신 역량'이다.

2018년부터 한류의 선풍적 인기를 예견한 샘 리처즈 미국 펜실베니아주립대 사회학과 교수는 국내 한 신문과의 인터뷰에서 "한류의 힘을 유지하기 위해서는 변화가 필요한 시점"이라면서 한국이 소프트파워를 유지하기 위해서는 "변화를 통해 창의성과 다양성을 키워야 한다"고 주장했다. 2023년 11월 과학문화융합포럼·미래학회 주최 'AI와 창의성' 주제 포럼에서는 "한류가 전 세계적으로 인기를 끌고 있는 상황에서 AI와 한류가 결합하지 않는다면 한류 열풍은 반짝하고 사라질 수 있다"는 우려도 나왔다. 지드래곤 소속사인 갤럭시 코퍼레이션의 최용호 대표는 "엔터테크 콘텐츠의 지속가능성은 참신한 기획력과 포맷, 창의력에 달려있다. 이 과정에서 테크가 해결해 주는 요소가 될 것"이라고 강조하였다.

현재의 한류가 지속가능하도록 하기 위해서는 한류를 산업과 경제 영역이 아닌 문화로 이해하고 고민하며 정책을 만들어가야 한다는 주장도 제기되었다. 즉 한류는 경제가 아닌 문화 현상이고, 문화라는 고유의 가치나 매력을 상실하면 더 이상 존재 이유가 없다는 것이다. 또한 한류가 국내외에서 팬덤의 힘으로 발전해 올 수 있었던 만큼 팬덤의 자발성과 창의력이 유지될 수 있도록 이들에게 좋은 에너지원을 제공하는 것도 중요한 일이라고 지적하였다.

CES 2023에서 생성AI 전문가 니나 시크Nina Schick는 "현재 생성AI 기술과 콘텐츠 증가율은 기하급수적이다"며 "2025년 인터넷에 유통되는 콘텐츠의 90% 이상이 생성AI의 도움을 받아 만들어질 것"이라고 예측하였다. 그만큼 향후 생성AI를 활용하여 생산되는 콘텐츠는 폭발적으로 증가할 것으로 예상된다.

생성AI 시대는 콘텐츠의 창작과 제작뿐만 아니라 유통과 소비 등 콘텐츠 전반을 바꿔놓을 것이다. 한류 콘텐츠의 제작 및 이용 또한 영향을 받을 수밖에 없고 이로 인해 어떤 형태로든 새로운 변화가 초래된다는 얘기다. 앞으로도 우리가 콘텐츠 분야에서 이 변화를 계속 주도할 수 있을지 장담할 수는 없다. 다만, 지난 30년 동안 한류가 보여줬던 것처럼 끊임없는 '내적 혁신'을 통해서 스스로 변화를 만들어내고, '질적 성숙'을 이뤄낸다면 콘텐츠와 테크가 전방위적으로 결합하는 인공지능 시대에도 한류의 지평은 더욱 넓어지고 단단해질 것이다.

글로벌 최대 콘텐츠 축제
사우스 바이 사우스웨스트 SXSW:
테크놀로지와 결합으로
콘텐츠의 영역 무한 확장

지난 3월 7일 미국 텍사스주 오스틴Texas Austin 컨벤션센터에서 세계 최대 종합 콘텐츠 축제 'SXSW 2025'가 개막되었다. SXSWSouth by Southwest는 음악과 드라마, 영화 콘텐츠는 물론 인터랙티브 미디어와 인공지능AI, XR(확장현실) 등 엔터테인먼트 테크Technology 분야를 아우르는 전 세계 유일한 행사이다.

SXSW의 시작은 지역의 작은 음악축제

SXSW는 1987년 미국 텍사스 오스틴의 음악 관계자들이 지역 음악 산업을 활성화하기 위한 축제로 시작하였다. 오스틴은 텍사스 주내에서도 진보적인 성향을 가진 도시로, 다양성과 포용성을 바탕으로 음악을 비롯하여 다양한 문화와 예술이 번창했던 도시이다. 이러한 문화적 배경 외에 오스틴 소재 텍사스대학교UT, University of Texas가 주도하는 젊고 역동적인 분위기와 어우러지면서 행사가 활력을 띠게 되었다. 특히 행사 기간 동안 6번가Old & New 6th Street를 중심으로 시 전체가 행사장으로 탈바꿈하는 등 오스틴 시정부와 단체, 시민들의 적극적인 지원과 참여가 SXSW의 성

SXSW 2025 컨퍼런스 현장(텍사스 오스틴 컨벤션센터)

공에 크게 기여하였다.

전 세계가 참여하는 '글로벌 콘텐츠 종합 축제'로 발전

음악 페스티벌 중심 지역행사로 시작하여 1990년대 영화 및 인터랙티브 미디어 분야가 추가되었고, 2000년대에는 소셜 미디어가 SXSW에서 최초로 소개되었으며, 최근에는 AI, XR 등 미래 기술 트렌드를 논의하고 산업 관계자들(투자자 포함)이 교류하는 등 세계적인 종합 콘텐츠 페스티벌로 자리를 잡았다. SXSW가 매년 새로운 분야를 추가하고, 컨퍼런스를 비롯하여 프로그램을 다양화하면서 끊임없이 진화해 왔듯이 앞으로도 SXSW의 혁신은 계속될 것으로 기대가 된다.

콘텐츠와 테크놀러지의 결합으로 콘텐츠 영역 무한 확장

'SXSW 2025'에서 VR, AR, MR 관련 기술(서비스)과 기업을 위주로 구성된 'XR Experience'가 언론과 참관객들로부터 높은 관심과 인기를 끌었다. 정식 개장일에는 행사장 안에 발을 디딜 틈이 없을 정도로 관람객들이 몰렸다. 일반 참가기업의 관계자들도 콘텐츠 산업 트렌드 파악을 위해 반드시 방문해야 할 전시장으로 생각할 정도였다.

콘텐츠와 IT가 결합하면서 보다 높은 몰입감 Immersion을 제공, 상호작용 콘텐츠로 이용자의 사용 의사 및 빈도 증가, 가입 서비스 및 개인화된 맞춤형 서비스로 수익모델 확장 등 발전 가능성은 무궁무진해 보였다.

또한 미디어 아트 Media Art 분야의 경우 예술과 IT를 접목시킨

SXSW 2025 XR Experience 전시장 입구

수준 높은 작품들을 선보였다. 미디어 아트는 예술가의 창의적인 아이디어를 현실로 구현해 줄 뿐만 아니라, 관객들에게 새로운 경험을 제공하는 데 중요한 역할을 할 수 있다는 것을 한번 더 확인하였다. 미디어 아트 분야 기존 콘텐츠 및 IT기업은 물론, 청년들이 설립한 스타트업의 아이디어와 실험적 시도가 인상적이었으며, 향후 발전가능성을 확인시켜 주었다.

브라질과 대만, 'SXSW 2025'의 또 다른 주인공

SXSW 2025에서 주최국 미국을 제외하면 브라질과 대만의 활약이 돋보였다. 평소 관심을 크게 두지 않아서 그럴 수 있지만, 가장 의외의 국가는 브라질이었다. 브라질은 XR분야에서 가장 많은 기업 관계자들과 전문가들이 'XR Experience'에 참가하여 시종일관 분위기를 주도하였다. 대만콘텐츠진흥원TAICCA이 'XR Experience'의 메인 스폰서로 이름을 올린 것도 예상하지 못했던 일이었다.

SXSW 현장에서 만난 행사 관계자들은 SXSW 흥행에 있어 이들 국가의 기여와 활동이 큰 힘이 되었다고 인정하였다. 글로벌 콘텐츠 시장 내에서 역할을 강화하면서 드라마 등 전통적인 영상 콘텐츠 분야 외에 엔터테크 분야에서 경쟁력을 확보하기 위한 브라질과 대만의 '국가 전략'일 수 있다고 생각하였다. 앞으로 브라질과 대만의 콘텐츠 시장 내 행보는 예의주시할 필요가 있다.

다양성과 포용성, 미래 지향성과 사회적 책임성 지향하는 SXSW

SXSW는 음악, 영화, 인터랙티브 미디어를 아우르는 세계적인 축제로 다양성과 포용성, 미래 지향성과 사회적 책임성 등의 가치를 중요하게 생각하고, 행사의 구성 및 운영 곳곳에 잘 반영하고 있다. 우선 SXSW는 성별, 인종, 성적 지향, 국적 등에 관계없이 모든 사람들이 참여하고 자신의 목소리를 낼 수 있는 '글로벌 문화 플랫폼'의 역할을 충실하게 하고 있다.

행사장에서는 다양한 문화적 배경을 가진 아티스트들의 작품을 선보이고, 디즈니 같은 글로벌 콘텐츠 기업뿐만 아니라 창업한지 1년된 스타트업도 자신들의 아이디어를 가지고 당당하게 참여하고 있다. SXSW의 중심인 컨퍼런스에서는 다양한 주제와 다양한 관점을 가진 패널 토론을 통해 사회적 이슈에 대한 논의를 촉진하고 있다.

SXSW의 중요한 역할 중 하나는 문화와 사회, 그리고 기술의 미래를 탐구하는 일이다. 콘텐츠와 문화의 트렌드를 선도할뿐만 아니라, 인공지능, 가상현실, 블록체인, 지속가능한 기술 등 미래를 이끌어 갈 혁신적인 아이디어와 기술을 발굴하고 소개하는 데 상당한 비중을 두고 있다.

미래학자 에이미 앱Amy Webb, 디즈니 경영진의 강연 등 'SXSW 2025' 컨퍼런스 주요 세션의 연사들은 미래를 전망하면서 동시에 기업과 기술의 사회적 책임을 강조한다. 대부분의 세션 현장에 수어통역인을 배치하는 것에서 SXSW가 지향하는 가치를 느낄 수 있었다.

한국 콘텐츠 산업에 주는 함의, 콘텐츠와 기술의 결합이 만들 새로운 미래

한국콘텐츠진흥원KOCCA 주관으로 12개 한국 콘텐츠기업들이 'SXSW 2025'에 참가하여 기술과 서비스, 사업 전략 등을 참가자들에게 소개하였다. 또한 특별 패널 세션 "Sustaining Fandom: Why K-Entertainment is Here to Stay"를 통해서 K-팝, 드라마, 웹툰 등 한국 콘텐츠의 폭발적인 인기를 어떤 방식으로 유지·확장해 나갈 수 있는가를 심도 있게 논의하고, 참가자들과 공유하였다.

미국의 경제지 '포브스Forbes' 등에 기고하는 레지나 김Regina Kim 한류 전문 저널리스트는 세션 초반에 한국 대중문화가 이미 전 세계적으로 큰 주목을 받고 있다는 점을 각종 통계자료로 보여주었다. 예를 들어 2023년 전 세계 음반 판매량 상위 20위 중 19장이 K-팝 아티스트 앨범이며, 넷플릭스 글로벌 가입자의 80% 이상이 K-드라마 등 한국 콘텐츠를 시청하고 있다는 사실은 "한류가 단지 일시적 열풍이 아닌 거대한 글로벌 트렌드임을 증명한다"고 강조하였다.

 이번 'SXSW 2025'에 참가한 한국 콘텐츠 및 테크 기업들은 AI, XR, 메타버스 등 첨단 기술을 활용한 혁신적인 콘텐츠를 세계에 선보였다. 대부분의 참가기업들이 콘텐츠 스타트업 혹은 중소기업이었지만, 자신의 분야에서 혁신적인 기술과 서비스를 자체 개발, 보유하고 있다는 점은 눈여겨볼만한 부분이었다.

 'SXSW 2025'에서 한국 콘텐츠 기업들의 활약은 단순한 기술력의 과시를 넘어서 앞으로 콘텐츠와 기술의 결합 혹은 융합이 만들어낼 새로운 가능성을 세계 무대에서 보여주었다는 의미가 크다. 이를 통해서 한국이 '인공지능 시대'에도 첨단 콘텐츠 분야에서 선도적 위치를 확보하고, 글로벌 디지털 콘텐츠 시장에서 영향력을 더욱 확대해 나갈 수 있기를 기대한다.

디즈니는 어떻게 세계적 콘텐츠 제국이 되었나: 창의적 스토리텔링과 혁신 기술의 결합

세계에서 가장 오래되고, 가장 영향력이 큰 엔터테크 기업을 꼽으라고 한다면 단연 미국을 대표하는 엔터테인먼트 기업 디즈니 Disney를 선택할 것이다. 1923년 월트 디즈니 Walt Disney가 설립한 디즈니는 100년이 넘는 세월 동안 창의성, 스토리텔링, 그리고 기술 혁신을 중심으로 세계 엔터테인먼트업계를 선도해 왔다. 월트 디즈니는 평범한 애니메이션 제작자가 아니라 기술을 적극적으로 활용하고, 발전시킨 혁신가였다. 그는 엔터테인먼트 산업에 단순히 기술을 도입한 것을 넘어 "기술이 예술을 향상시킨다"라는 철학하에 기술을 활용하여 감동적인 스토리텔링을 구현하기 위해 끊임없이 노력했다. 이러한 월트 디즈니의 경영 철학은 현재도 디즈니의 핵심 경영전략으로 계승, 유지되고 있다.

SXSW 2025의 '디즈니가 선보인 세계 구축의 미래 the Future of World-Building' 특별 세션에 디즈니 그룹의 주요 인사들이 대거 등장하여 1) 디즈니 영화 스튜디오와 테마파크 전반을 아우르는 혁신과 협업이 어떻게 진행되고 있는지 2) 관객과 팬들에게 새로운 콘텐츠와 경험들을 제공하기 위해 어떤 노력을 하고 있는지 그리고 3) 향후 주요 프로젝트와 디즈니가 추구하는 통합적 비

SXSW 2025 특별세션 연단에 오른 디즈니 관계자들

전 등을 상세하게 소개하였다.

월트 디즈니의 경영 철학, 스토리텔링과 기술을 결합하다

3월 8일 SXSW 2025 특별 세션의 메인 연사로 등장한 디즈니 파크·리조트·체험부문 수장인 조시 다마로 Josh D'Amaro와 디즈니 엔터테인먼트 공동 회장 앨런 버그맨 Alan Bergman은 디즈니 설립자인 월트 디즈니의 유산인 "창의성과 기술의 결합"을 주제로 세션의 문을 열었다. 이들은 디즈니가 "매력적인 스토리텔링을 기반으로 극장과 TV, 공연장, 테마파크, 그리고 크루즈 라인과 도서, 장난감에 이르기까지 이용자들을 연결하여 강력한 유대감을 갖도록 하는 것은 디즈니만의 독특한 특징"이며, "이러한 연결은 최첨단 기술을 기반으로 구동되며 예술과 과학을 완벽하게 융합하여 더욱 매력적인 방식으로 스토리를 전달할 수 있는 새로운 도구를 끊임없이 개발하고 있다"라고 설명하였다. 조시와 앨런은 "이러한 경영 전략은 디즈니의 창립자이자 혁신가인 월트 디즈니로부터 직접 상속받은 것"이라고 강조하였다.

실제로 월트 디즈니는 1937년 최초의 장편 애니메이션 〈백설공주와 일곱 난쟁이〉를 만들며 멀티플레인 카메라Multi-plane Camera 기술을 개발하여 깊이감을 향상시켰다. 〈판타지아〉(1940년)에서는 스테레오 사운드를 도입하여 영화 관람 경험을 혁신했다. 디즈니는 애니메이션을 넘어서 테마파크 디즈니랜드와 TV 방송까지 확장하면서 콘텐츠업계의 기술 혁신을 주도하였다. 특히 디즈니랜드에서는 오디오 애니매트로닉스Audio Animatronics 기술을 개발하여 로봇 캐릭터를 활용한 '몰입형 엔터테인먼트'를 제공하였다.

이날 특별 세션에는 디즈니의 새로운 로봇 'BDX 드로이드Droid'가 공개되었다. 드로이드는 기존 개발된 오디오 애니매트로닉스와 달리 강화학습Reforcement Learning으로 움직임을 스스로 학습하

디즈니가 새로 공개한 BDX 드로이드(Droid) 로봇

고, 다른 드로이드에게 전수할 수 있는 기능을 갖고 있다. 무대에 함께 등장한 디즈니 관계자는 "BDX 드로이드는 환경을 탐색하고, 게스트와 상호 작용하는 데 필요한 동작을 가상 시뮬레이션에서 수천 대가 동시에 배우도록 설계되었다"라고 설명하였다. 드로이드는 2026년 개봉 예정인 영화 〈더 만달로리안 & 그로구〉에도 등장해 '스크린과 현실의 경계 없는 세계 구축'을 보여줄 계획이다.

이매지니어Imagineer, 영화 스튜디오와 테마파크를 연결하다

디즈니를 대표하는 테마파크 디즈니랜드는 2025년 7월 개장 70

주년을 맞이한다. 조시 다마로 회장은 "디즈니랜드는 월트 디즈니가 생전에 직접 걸어본 유일한 테마파크"라며 그 역사적 상징성을 강조하였다. 이어서 "월트 디즈니는 1950년대 초 디즈니랜드를 구상할 때 가장 신뢰하던 스토리텔러인 애니메이터들에게 테마파크 설계를 맡겼다. 이렇게 탄생한 것이 바로 '이매지니어'라는 개념"이라고 소개하였다. 앨런 버그맨 공동 회장도 "디즈니 스튜디오의 핵심 애니메이터들이 파크라는 새로운 영역에 뛰어들어 디즈니가 스크린에서 만든 세계를 현실에서 체험할 수 있게 했다"며 "이는 예술과 기술이 결합한 대표적 사례"라고 설명하였다.

이매지니어는 현장에서 디즈니 그룹을 이끌고 있는 핵심 중 핵심 멤버라고 할 수 있다. 이매지니어는 '상상하다Imagine'와 '엔지니어Engineer'를 합친 말로 '상상하고 실천하는 사람'이라는 의미이다. 정밀한 상상력과 과학적인 창의력 및 전문성을 갖춘 인재들로 상상한 것을 현실로 만드는 전문가들이라고 할 수 있다. 이들이 중심이 되어 영화 스튜디오와 테마파크가 긴밀하게 협업하고, 가상과 현실을 결합하여 이용자들에게 끊임없는 경험, 몰입감 높은 콘텐츠를 제공하고 있다. 이처럼 영화나 시리즈 속 이야기와 캐릭터를 테마파크에서 구현하거나, 반대로 테마파크에서 탄생한 아이디어가 영화나 시리즈에 반영되는 사례를 쉽게 찾아볼 수 있다. 이를 통해 영화나 시리즈가 끝난 후, 스토리가 사라지는 것이 아니라 테마파크와 결합하여 계속 살아 숨쉬게 함으로써 디즈니 팬들과 더욱 긴밀한 유대감 형성이 가능하게 만들었다.

디즈니와 마블Marvel의 미래, 아이언맨과 함께하는 혁신

SXSW 2025의 디즈니 특별 세션에는 영화 〈아이언맨Iron Man〉의 주인공 토니 스타크 역할을 맡은 로버트 다우니 주니어Robert Downey Jr.가 깜짝 등장하였다. 그는 SXSW 현장을 "예술과 과학, 문화가 융합되는 멋진 공간"이라고 소개하며, "토니 스타크로 연기한 17년 동안 기술에 대한 시야를 넓힐 수 있었고, 기술이 사회에 선한 영향력을 행사해야 한다는 것도 알게 되었다"라고 자신의 생각을 밝혔다.

이날 행사에서 케빈 파이기Kevin Feige 마블 스튜디오 CEO와 디즈니의 이매지니어 브루스 본Bruce Vaughn 최고창의책임자CCO도 등장해 영화 〈판타스틱 포: 퍼스트 스텝The Fantastic Four: First Steps〉과 디즈니 테마파크를 연결할 계획을 공개했다. 디즈니랜드에 판타스틱 포 멤버들과 함께 로봇 캐릭터 '허비Herbie'를 현실화하는 프

SXSW 2025 특별 세션에 등장한 로버트 다우니 주니어

출처: 디즈니 파크 블로그

로젝트를 진행하고 있다는 것이다.

또한 디즈니 캘리포니아 어드벤처의 '어벤져스 캠퍼스Avengers Campus' 확장 소식도 청중들의 이목을 집중시켰다. '어벤져스 인피니티 디펜스Avengers Infinity Defense'는 킹 타노스King Thanos가 등장해 블랙 팬서, 앤트맨, 헐크 등 다양한 히어로들과 벌이는 대규모 전투를 구현하는 어트랙션이다. 또 다른 어트랙션인 '스타크 플라이트 랩Stark Flight Lab'은 거대한 로봇 팔이 이용객이 탑승한 '포드'를 들어 올려 고속 비행과 급회전 등을 재현함으로써 아이언맨 특유의 비행감을 실감나게 체험하도록 설계하였다. 로버트 다우니 주니어가 실제 목소리 연기와 디테일 조언을 담당해 완성도를 높일 예정이라고 밝혔다.

    특별 세션 후 배포한 보도자료를 통해 디즈니는 "디즈니 파크, 스튜디오, 이매지니어링이 유기적으로 협력하여 하나의 거대한 세계관을 만들고 이를 끊임없이 확장할 계획"이며, "파크와 영화·시리즈 개봉 시점을 일치시키거나, 로봇(드로이드) 테크놀로지를 상호 연계하는 등 혁신적 시도를 계속 이어갈 것"이라고 밝혔다. 또한 디즈니 창립자인 '월트 디즈니의 유산'을 계승하여 "디즈니가 창조해내는 세계는 영화가 끝난 후에도 진화하여 실제 체험으로 확장되고, 관객은 이야기 속 세계를 직접 경험함으로써 디즈니만의 세계관과 한층 더 깊게 연결될 수 있을 것"이라고 강조하였다.

고삼석의 인사이트

SXSW 2025에서 살펴본
XR Experience의 미래

매년 3월 미국 텍사스 오스틴에서 열리는 사우스 바이 사우스웨스트SXSW는 전 세계의 음악·영화·인터랙티브·테크놀로지 업계가 한자리에 모이는 문화·기술 축제이다. 그래서 '엔터테인먼트 테크Entertainment Tech의 최전선'으로 불린다. 이곳에서는 항상 새로운 시도가 이뤄지고, 전혀 관계없이 살았던 전문가들이 행사 현장에서 만나 머리를 맞대고 혁신적인 프로젝트를 만들어낸다.

SXSW가 처음부터 이런 모습은 아니었다. 1987년 음악 축제로 출발해 시간이 흐르면서 영화·콘텐츠·테크 분야로 영역을 확장해 왔으며, 현재는 '엔터테크'를 대표하는 국제적인 행사로 자리를 잡았다. 오히려 2000년 이후 소셜미디어 확산 등 엔터테인먼트, 콘텐츠가 테크와 만나는 수익모델과 시너지를 만들어내면서 현재의 행사 컨셉과 형태가 완성되었다.

SXSW에서 가장 주목 받는 행사는 XR Experience이다. 'XR 경험'이라고도 불리는 이 행사는 인간의 상상력과 테크놀로지가 만나 콘텐츠의 경계를 넓히는 XR(확장현실), VR(가상현실), MR(혼합현실) 콘텐츠가 대거 소개된다. 올해 SXSW 2025에서는 특히 확장현실XR이 큰 주목을 받았다. 인공지능AI이라는 테크놀로지로 현실을 '상상이 불가능한 영역'까지 확장시킬 수 있게 되었다. 개인의 기억 속에 들어가고, 몰입형 공간에서 개인 맞춤형 가상의 경험 제공도 가능하게 되었다. XR 영역에서 이제 불가능이란 없다.

AR, VR, MR 등 다양한 기술을 통칭하는 XR이 본격적으로 행사 곳곳을 채우며, 몰입감 높은 체험형 전시와 공연으로 관람객의 이목을 사로잡았다. 지난 3월 10일 'SXSW 2025 XR 익스피리언스' 행사가 진행되던 중 한정훈 K엔터테크허브 대표와 텍사스 오스틴 현장에서 'XR Experience의 가치와 의미', 'XR 기반 K-콘텐츠와 한류 확장 가능성'까지 샅샅이 짚어보았다. 오스틴 시내가 한눈에 내려다보이는 오스틴 컨벤션센터ACC 옥상 정원에서 펼쳐진 현장 대담의 진행은 윤영탁 K엔터테크허브 기자가 맡았다.

SXSW 2025에서 XR Experience를 주목하게 된 배경

윤영탁 K엔터테크허브 기자(진행자, 이하 '윤')
먼저 XR Experience가 사우스 바이 사우스웨스트SXSW에서 이렇게 큰 주목을 받게 된 이유가 궁금합니다. 왜 이렇게까지 성장한 걸까요?

한정훈 K엔터테크허브 대표(이하 '한')
사실 작년부터 XR 전시 섹션이 있긴 했습니다. 그 즈음에 HTC 같은 휴대폰 회사가 AR·VR·XR 쪽 콘텐츠와 기술을 계속 만들고 있었는데, 사람들이 그걸 보면서 "아, 새로운 시도를 할 수 있는 기회가 있겠다" 싶었던 거죠.

SXSW 자체가 1987년에 음악 축제로 시작해 2000년대 들어 영화, 일반 콘텐츠까지 아우르는 종합 문화 축제로 발전했잖아요. 그리고 2010년대 중반부터는 테크놀로지를 결합해 전 세계적으로 가장 영향력 있는 '엔터테크' 축제가 되었는데, XR이 그 흐름과 잘 맞아떨어졌습니다.

K엔터테크허브 유튜브 채널

고삼석 동국대 석좌교수(이하 '고')

'XR'이라는 말 자체도 참 기발하다고 생각합니다. AR, VR, MR 등 확장된 현실 기술 전반을 통칭해서 'XR'이라고 하잖아요. SXSW는 첨단 기술의 발전 트렌드를 반영하여 특히나 음악·영화 등 기존 콘텐츠와 기술을 잘 융합시켜왔기 때문에 'XR Experience' 섹션이 커지는 건 예정된 수순이었던 것 같습니다.

XR의 압도적 몰입감: 돔 시어터Dome Theater와 미디어 아트Media Art

(윤) 현장에서 직접 보니 어떤 인상을 받으셨나요? XR이 주는 몰입감이 확실히 다르다는 반응들이 많던데요.

(고) 돔 시어터 같은 공간에 들어가면 완전히 XR 환경 속에 빠져드는 경험을 하게 됩니다. 거기에 미디어 아트가 결합하니까 '예술적인 감각 + 첨단 기술'로 보는 이의 몰입감을 극대화해요. 독일 작가의 미디어 아트 작품을 봤는데, 예술과 XR 기술이 상당한 수준의 완성도로 결합되어 있더군요.

(한) 해상도Resolution나 화질이 훌륭했고, 특히 '경계를 없앤다'라는 점이 중요해요. 우리가 하늘을 보듯 누워서 감상하는데, 주변 구

Resolution의 Dome Theater 공연 모습

출처: 구글 이미지

획이나 틀이 안 보이게 만들어서 관람객이 그 안에 완전히 빠져들게 하더라고요. 그리고 스토리도 함께 곁들여지니 더욱 콘텐츠에 몰입하게 됩니다.

(윤) 기술력이 개선된 만큼 접근성도 올라갔다는 말씀이군요.

(한) 맞습니다. 이제 XR 하드웨어가 상당히 발전했고, 무엇보다 스토리가 없으면 관람객이 '와~'하는 순간적 흥미만으로 끝날 수 있는데, 요즘은 예술·스토리·체험 요소를 함께 설계해서 몰입도가 확 올라갔습니다.

공감, 사회적 메시지, 그리고 스토리텔링

(윤) XR 콘텐츠들이 단순히 '신기하다'라는 기술 시연을 넘어서, 공감이나 사회적 메시지를 담으려는 움직임도 있었던 것 같습니다.

(한) 네, 맞습니다. 예술이라는 게 결국 사람들이 함께 공감하는 지점에서 문화가 되잖아요. SXSW에서는 '다양성Diversity' 같은 가치가 강조되고 있는데, XR 작품들이 이 메시지를 효과적으로 표

현해 내고 있습니다. 기술 자체보다 메시지가 더 부각되는 경우도 많았어요.

(고) 예를 들어 한국예술종합학교(한예종)에서 출품한 XR 작품은 '분단'과 '이산'을 주제로 만들었는데, 한국전쟁의 역사를 모르는 외국인도 스토리를 따라가며 공감할 수 있게끔 잘 구성되어 있더라구요. AR·VR·XR 콘텐츠가 결국 '감동'을 선사해야 성공하잖아요. 그래서 '사회적·개인적 감정의 공유'가 XR 콘텐츠 확산 및 성공에 굉장히 중요한 요소인 것 같습니다.

몰입감을 높이는 키워드:
인터랙션Interaction과 개인화

(고) 올해 XR Experience 전시에서 공통적으로 보인 특징이 세 가지 정도인데요. 첫째가 '몰입감Immersion'이에요. 화질이 좋아지고, 기기 성능이 향상되면서 현실감을 극대화합니다. 둘째는 '상호작용Interactive'입니다. 관람객이 단지 관람만 하는 것이 아니라 작품과 직접 상호작용을 할 수 있게 만드는 거죠. 셋째는 '개인화'입니다. 이용자 각각의 특성에 맞춰서 다른 경험을 제공한다는 겁니다.

(윤) 여러 사람이 한꺼번에 참여하는 XR 콘텐츠도 꽤 많았다고 들었습니다.

(한) 맞습니다. 여러 명이 동시에 즐기고, 그 경험을 공유하는 XR 콘텐츠도 크게 주목받았어요. 팬데믹이 끝나고 사람들이 '혼자 고립'되는 상황을 싫어하다 보니, 오히려 기술을 통해 공간적 한계를 뛰어넘어 다 함께 모이는 게 수익 모델로도 이어진다고 봅니다. 대중 공연이나 페스티벌에 XR을 적용하면 현장에 없는 사람들도 동시에 참여할 수 있으니까요.

(교) 'SXSW 2025'의 XR Experience 전시회Exhibition는 SXSW의 영화 및 TV, XR 프로그래밍 시니어 매니저인 블레이크 카머디너 Blake Kammeridence가 큐레이팅을 책임졌습니다. 블레이크는 이번 전시에서 특히 "더 많은 사람, 더 폭넓은 체험"을 목표로 삼았습니다. 그는 개인용 헤드셋의 한계를 뛰어넘어 대규모 관람객이 동시에 참여할 수 있는 비헤드셋 기반 체험을 강조했습니다. 비헤드셋 기반 체험은 XR 기술의 확장성과 접근성을 높이는 데 기여합니다. 또한 XR이 집단 몰입형 콘텐츠로 발전하는 데 중요한 역할을 할 것입니다.

　　SXSW에 참가한 우리 콘텐츠 기업 중에 버추얼 아이돌 제작

사나, 온라인 XR 공연을 제작하는 곳들이 여럿 보였습니다. 메타버스 같은 가상 공간에서 공연을 열어서 수많은 팬을 한꺼번에 끌어모을 수 있다면, 더 많은 사람들이 동시에 체험할 수 있는 '몰입형 콘서트'라는 새로운 시장이 열리겠죠

깔때기 효과,
XR의 수익화 모델과 산업의 확장

(윤) XR, AR, VR 기술이 꽤 오래전부터 존재했는데, 최근 들어 수익 모델에 대한 고민이 본격화되고 있는 것 같습니다. 스토리를 추가하고, 여러 사람을 참여시키고... 결국 다른 산업으로 확장이 가능하니까요.

(한) 맞아요. 흔히 퍼널Funnel이라고 하는데, XR 체험을 통해 유입된 관심을 관광·공연·라이센싱 등으로 확장하는 거죠. 예전엔 '광고'가 주된 수익원이었는데 이제는 구독Subscription, 라이선스(B2B), 공간 컨설팅 등 훨씬 다양해졌습니다. 미디어아트 전시의 경우에도 입장료를 받으면서, 공간에 맞춘 컨설팅과 콘텐츠 업데이트를 장기적으로 제공하는 식의 비즈니스를 하죠. 이번 SXSW에 참여한 기업들의 전반적 인상이 '이제는 정말 돈을 벌기 위한

구조를 고민하고 있구나'였습니다.

(고) K-콘텐츠나 한류 역시 이런 XR 비즈니스 모델과 연결될 수 있겠죠. 예를 들어 인기 아이돌 공연을 가상 공간에서 열어 세계 팬들이 동시에 즐기게 한 뒤, 추후에 실제 한국 방문까지 연결시킨다면 XR 콘텐츠가 오프라인 공연 및 관광산업의 게이트웨이 역할을 하게 되는 겁니다.

AI와 XR의 결합:
개인화·제작 효율성·새로운 경험

(윤) 올해 SXSW 전반에서 또 하나의 큰 이슈가 바로 인공지능AI 아닙니까? XR 분야에서도 AI와 결합한 콘텐츠를 많이 볼 수 있었을 것 같은데요.

(고) 맞습니다. 요즘 AI 기술이 여러 서비스에 폭넓게 결합되면서 사실 이용자 입장에선 '여기에 AI가 쓰였네'라고 굳이 인식을 못 할 수도 있어요. 예컨대 버추얼 아이돌 공연에서 각 이용자가 꾸민 아바타와 버추얼 아이돌이 1:1로 직접 소통하는 느낌을 준다면, 그것 역시 AI가 기반 기술로 작동하고 있는 거죠.

(한) XR 콘텐츠에서 중요한 건 '여러 번의 실험과 빠른 수정'인데, AI가 있으면 제작 기간과 비용이 크게 줄어듭니다. 또 개인 취향에 따라 콘텐츠를 다양하게 변주할 수 있고요. 과거에는 '어떤 AI 기술을 쓰고 있다'라고 홍보했는데, 이제는 '어떻게 창의적으로 AI를 활용해 새로운 경험을 만드는가'가 핵심 포인트가 되었습니다.

한류와 XR의 결합: 지속 가능한 K-콘텐츠?

(윤) K-콘텐츠에서 시작된 한류는 여전히 뜨겁지만, 앞으로 2~3년 뒤에도 지속 가능할 것이냐는 질문을 종종 받습니다. XR이나 AI 기술이 한류에 어떤 변화를 줄 수 있을까요?

(고) 이곳 현장에서 만난 해외 전문가들도 똑같은 질문을 던지더라고요. '지금 한류의 기세가 앞으로 얼마나 갈 것이냐'라는 질문요. 그런데 XR, VR 등을 잘 활용하면 온라인·오프라인의 경계를 허물고, 새로운 형태의 K-콘텐츠를 제작할 수 있고, 이를 기반으로 한 한류를 만들어낼 수 있습니다.

예컨대 몰입형 공연, AR·VR을 통한 문화 체험, 버추얼 아이돌과의 교감 등은 기존의 한류가 갖지 못했던 강력한 지속 동력이 될 수 있어요. 실제로 이번 SXSW 현장에서 많은 관람객들이 XR로 구현된 한국의 전통문화나 관광지를 체험하면서 '직접 가보고 싶다'라는 반응을 보였으니까요.

(한) K-팝, K-드라마, K-무비를 넘어서 이제 K-메타버스나 K-XR 콘텐츠가 뜰 수 있다는 얘기입니다. 이미 한국 기업들도 기술과 예술, 그리고 스토리텔링을 결합한 사례를 속속 선보이고 있어요. 여기에 AI를 붙이면 더 개인화된 경험을 전 세계 시청자에게 제공할 수 있고, 그게 한류의 경쟁력이 되겠죠.

XR 글로벌 트렌드:
대만과 브라질의 약진

(윤) 올해 SXSW에는 한국뿐 아니라 대만이나 브라질 같은 국가들이 아주 활발하게 움직였다고 들었습니다. 어떤 점이 인상적이었나요?

(고) 대만콘텐츠진흥원TAICCA과 브라질의 XRBR 같은 단체가 눈

에 띄었습니다. TAICCA는 아예 오스틴 현지의 최고급 행사장을 스폰서할 정도로 공격적으로 홍보했는데, 이는 기존 2D 예술·영화·애니메이션을 넘어 XR·메타버스 분야까지 대만 정부 차원에서 확장하려는 전략으로 보였어요.

브라질 XR, VR도 전 세계 XR 기업을 연결하는 네트워킹 플랫폼 역할을 하면서 남미와 북미 시장 간 가교역할을 하려는 것으로 보였습니다. 그리고 SXSW 메인 전시장인 오스틴 컨벤션 센터ACC 근처에 설치된 '상파울루 하우스Sao Paulo House'에서는 컨퍼런스를 비롯한 다양한 행사가 열렸는데, 한마디로 '열정의 나라' 브라질을 SXSW 현장에서도 그대로 느낄 수 있었습니다. 이번 SXSW 기간 동안 가장 인기 있었던 하우스 중 하나였습니다.

(한) 대만 정부는 미중 관계 속에서 문화·콘텐츠 육성에 더 힘을 주고 있다고 해요. 콘텐츠 제작에 대한 자금 지원도 꽤 적극적으로 하고 있고요. 브라질도 K-팝의 큰 시장 중 하나로 알려졌는데, XR·AI를 활용한 K-콘텐츠가 브라질에 들어가면 또 새롭고 폭발적인 반응이 가능하지 않을까 싶습니다.

마무리: XR이 열어가는 미래,
그리고 K-콘텐츠의 새로운 기회

올해 SXSW 2025에서 XR은 더욱 확장된 형태로 주목받았다. 몰입감과 인터랙티브, 개인화를 핵심 키워드로 예술·기술·스토리텔링이 융합된 콘텐츠들이 선보였고, 이는 관람객에게 강렬한 체험을 제공하는 동시에 공감과 사회적 메시지를 전달하는 장치로도 기능했다. 특히 AI와 결합함으로써 제작 효율성과 활용 범위가 폭발적으로 커졌다는 점이 인상적이었다.

더 나아가 수익화 모델이 점점 구체화되고 있다는 점도 눈여겨볼 만하다. XR 체험을 통해 사람들을 끌어모으고, 관광·공연·컨설팅 등 다양한 방식으로 부가가치를 창출하는 비즈니스가 활성화되고 있다. 국가 차원에서도 XR을 적극 육성해 문화(콘텐츠)산업을 발전시키려는 움직임이 대만과 브라질 등에서 두드러졌으며, 이는 곧 글로벌 XR 생태계가 한층 더 커지고 있음을 시사한다.

K-콘텐츠와 한류 또한 XR과의 결합으로 새로운 전기를 맞이할 가능성이 높다. 버추얼 아이돌이나 몰입형 공연, 온라인 체험관 등은 기존 한류가 가진 오프라인 콘서트나 드라마·영화의 한

계를 뛰어넘어 전 세계 팬들에게 보다 풍부하고 '개인화된' 경험을 제공할 수 있기 때문이다. 결국 "XR은 콘텐츠 영역을 확장하고 가치를 높여주는 열쇠"라는 평가가 현장에서 공감대를 얻었다. SXSW에서 확인한 이러한 흐름이 K-콘텐츠에 어떻게 접목되고, 또 전 세계 시장에서 어떤 성과로 이어질지 귀추가 주목된다.

콘텐츠 산업의 지형을 바꿀 다섯 가지 기술 트렌드

글로벌 스트리밍 서비스인 넷플릭스의 급성장으로 미디어 시장의 판도는 급변하고 있다. 특히 코로나 팬데믹 기간을 거치면서 "스트리밍 서비스가 기존 실시간 방송을 대체할 것"이라는 미디어 전문가들의 전망은 예측을 넘어 사실로 확정되었다. 넷플릭스는 기존 미디어 시장 질서를 파괴하면서 미디어 시장을 재편하는 게임 체인저Game Changer로 역할하고 있다. 초기 넷플릭스가 지상파방송이나 케이블TV 등 레거시 미디어의 보완재였다면, 지금은 그것들을 대체하는 서비스로 자신의 정체를 분명하게 드러내고 있다.

잘 알려져 있듯이 넷플릭스 성장전략의 핵심은 'CTS 모델'이다. 콘텐츠(C)와 테크놀로지(T) 그리고 가입(S)을 혼합한 모델을 의미한다. 오리지널 콘텐츠와 첨단 테크놀로지의 결합을 기반으로, 가입자를 확보하는 사업모델 혁신으로 미디어 시장의 구도를 근본적으로 재편하고 있다. 넷플릭스의 성장을 이끈 세 가지 요소 중 가장 큰 역할을 한 것은 테크놀로지이다. 빅데이터를 기반으로 한 개인 추천 시스템 및 구매 극대화 전략, 개방형 플랫폼 전략에 맞게 최적화된 UI/UX, 오리지널 콘텐츠 제작까지, 넷플릭

CES 2024 행사 포스터

출처: CTA 홈페이지

스는 명실공히 글로벌 최고의 콘텐츠 기업이자 최강의 '미디어 테크Tech 기업'이다. 지상파방송과 케이블TV 같은 레거시 미디어의 쇠락, 넷플릭스의 급부상 사례에서 보듯이 미디어 기술 발전에 적응하는 기업은 생존하고, 적응하지 못하는 기업은 시장에서 퇴출되는 '적자생존의 원칙'이 미디어와 콘텐츠 시장에서도 예외없이 적용되고 있다.

매년 1월 미국 라스베이거스에서 개최되는 소비자 가전 전시회Consumer Electronics Show; CES는 정보통신뿐만 아니라 미디어 및 콘텐츠 관련 첨단 기술을 소개하는 '세계 최대 IT쇼'로 세계인들의 이목이 집중된다. 상용화를 앞둔 기술부터 제품화 및 서비스화된 기술 공개까지 첨단 미디어 및 콘텐츠 기술을 가장 먼저 접할 수 있는 행사이다. CES 2024 기간 동안 미디어 및 콘텐츠 기업들의 전시 공간이 마련된 C Space에는 전 세계에서 몰려든 참가기업 관계자들과 참관자들로 인산인해를 이루었다.

미디어 및 콘텐츠 관련 트렌드는 크게 C Space에서 진행되는 현장 세미나의 주요 이슈들과 메인 전시장인 라스베이거스 컨벤션센터LVCC에서 행사 참가기업들이 공개하는 새로운 제품 및 기술 등을 통해 파악해 볼 수 있다. CES 2024에서 확인된 미디어 및 콘텐츠 관련 트렌드를 몇 가지로 정리해 보고, 그것이 우리 미디어 및 콘텐츠 기업에 주는 함의 및 대응방안 등을 함께 살펴보자.

첫째, 미디어 및 콘텐츠 분야를 포함하여 전 산업 분야에서 생성형 AI를 비롯한 인공지능AI 기술이 확산되고 있는 흐름이 확인되었다.
CES를 주관하는 CTA(미국소비자기술협회)는 행사 시작 전 CES 2024의 주요 아젠다로 AI, 모빌리티, 푸드·애그 테크, 헬스·웰니스 테크, 지속가능성 및 인간안보 등 다섯 가지를 제시하였다. 그러나 CES 2024는 'AI로 시작해서 AI로 끝났다'는 평가가 나올 정도로 AI가 행사 전반을 압도했다.

미디어 및 콘텐츠 분야의 최신 현안을 다루는 세미나로 유명한 디지털 할리우드Digital Hollywood 세션은 2024년 엔터테인먼트·미디어·콘텐츠 업계 주요 키워드로 가장 먼저 AI를 제시하였다. 디지털 할리우드는 CES 2024 개막 하루 전 '2024: AI 변곡점-엔터테인먼트, 인터넷, 미디어의 폭발적 성장'이라는 주제의 세미나에서 AI가 미디어 및 콘텐츠 산업에 미치는 영향과 구체적 사례 등을 살펴보았다. 한 평론가는 "AI의 활용은 1990년대 인터넷의 사용 이후 콘텐츠 제작 현장에 가장 큰 영향을 미칠 것"으로 전망하였다.

2022년 말 생성형 AI 등장 이후 산업 분야의 AI 도입 및 적용은 새로운 국면을 맞이하였다. 특히 미디어·콘텐츠업계에서는 2023년 할리우드 배우와 작가들의 파업 결과로 '영화와 TV제작에서 AI 사용에 대한 기본 가이드라인'이 만들어지면서 AI 사용의 큰 장벽이 사라진 것으로 보고 있다. 각본 작성에서부터 촬영과 후반부 작업까지 효율성 향상을 위한 AI 활용은 이제 피할 수 없는 현실이 되었다. 여기에 미디어 이용자의 콘텐츠 선택과 소비에 미치는 AI의 영향력은 앞으로 훨씬 커질 것으로 예상된다.

둘째, 국내 가전사 주도로 기술 진화를 거듭하고 있는 '바보상자' TV의 부활 혹은 재발견에 주목할 필요가 있다.
TV수상기는 CES의 기술 카테고리인 스마트 홈, 홈 엔터테인먼트

CES 2024 삼성전자 전시장 입구 (라스베이거스 컨벤션센터)

의 핵심 기기라고 할 수 있다. CES 2024에서 글로벌 TV시장을 주도하고 있는 삼성과 LG는 고성능 AI를 탑재한 최첨단 TV수상기를 선보였다.

'모두를 위한 AI AI for All'를 전시의 메인 주제로 제시한 삼성전자는 TV의 기능이 콘텐츠 소비 경험 제공에 국한되지 않고 집안의 모든 기기들을 연결·제어하는 집안의 '지능형 허브Intelligence Hub'로 'AI 홈 디바이스'의 중심 역할을 수행하게 될 것이라고 설명하였다. 동시에 기존 스마트TV를 뛰어넘어 새로운 삶의 방식을 제공하는 'AI 스크린 시대'를 선도해 갈 것이라고 강조하였다.

CES 2024 개막 하루 전 언론 등을 상대로 'LG 월드 프리미어'를 개최한 LG전자는 AI를 '공감지능Affectionate Intelligence'으로 재정의하였다. LG전자 조주완 CEO는 "AI는 고객 경험을 완전히 새로운 패러다임으로 끌어올리기 위한 가장 필수적인 요소 중 하나"라고 강조했다. 특히 LG전자는 CES 2024에서 세계 최초로 무선·투명 올레드OLED TV를 선보여 참관자들의 관심을 집중시켰다. CES를 주관하는 CTA는 LG전자에 TV부문 최고혁신상을 유일하게 수여하였다. 미국 경제전문 매체 포브스Forbes는 "LG전자가 투명 올레드 TV로 CES 2024를 강타했다"고 평가했다.

셋째, 삼성전자와 LG전자의 AI TV 기술개발 경쟁은 새로운 소비자를 유인하거나 기존 소비자를 잡아두기Lock-in 위한 콘텐츠 전략과 연계되어 있다.

CES 2024에서 삼성전자는 TV 플랫폼으로 성능이 대폭 개선된 2024년형 '타이젠 OS 홈Tizen OS Home'을 공개하였다. LG전자 또한 스마트TV 플랫폼인 '웹OSWeb OS'의 콘텐츠를 대폭 확대하며 서비스를 강화하겠다고 발표하였다.

　　양사 모두 CES 2024를 계기로 OTT에 대응하는 광고 기반 무료 스트리밍 서비스 FASTFree Ad-Supported Streaming TV를 본격화하겠다는 신호탄을 쏘았다고 할 수 있다. FAST는 2024년 한 해 미디어 및 콘텐츠 시장의 경쟁구도를 바꿀 수 있는 가장 큰 변수로 국내외에서 논의되었다. 시장조사기관 디지털TV 리서치는 글로벌 FAST 시장 규모가 2023년 80억 달러에서 2029년 170억 달러로 성장할 것이라고 전망하였다.

삼성전자는 타이젠 플랫폼 TV의 영역을 적극 확대해 가고 있으며 전 세계 30개국에서 총 3,000개 이상의 채널을 제공하고 있다. 삼성 TV 플랫폼에는 이미 지상파3사, 종합편성채널에 이어 CJ ENM까지 탑재되어 있다. 타이젠 OS는 TV에 등록된 계정별로 맞춤형 콘텐츠 추천이 가능하다. 콘텐츠 탐색 카테고리도 추가되었다. 여기에 콘텐츠 파트너십을 확대해 VOD 서비스를 업계 최다 수준으로 확충할 계획도 발표하였다.

2014년 최초 출시된 LG전자의 웹OS는 현재 전 세계 29개국에서 총 3,800여개 채널을 서비스하고 있다. LG전자의 TV 플랫폼인 'LG 채널'은 2023년 9월 'LG채널 3.0'으로 업그레이드되었다. 가장 큰 특징은 기존 OTT 서비스의 UI/UX에 착안해 레이아웃을 전면 개편하는 방식으로 앱 구조를 크게 개선한 것이다. 이러한 노력의 연장선상에서 LG전자는 자사의 정체성을 가전제품 제조사가 아닌 웹OS를 중심으로 진정한 '미디어 & 엔터테인먼트 플랫폼 기업'으로 전환하겠다는 비전을 발표하였다. 기존 미디어 및 콘텐츠 플랫폼들과 협업을 넘어 본격 경쟁하겠다는 선전포고라고 할 수 있다.

코로나 팬데믹 이후 국내외에서 OTT가 주류 미디어 플랫폼으로 자리를 잡았다. 그러나 '스트림플레이션Streamflation'이라는 신조어가 등장할 정도로 OTT 구독료가 인상되고 있고, 이용자들에게 부담이 되고 있다. 이런 상황에서 광고를 기반으로 하는 무료 스트리밍 서비스 FAST는 북미와 유럽에서 하나의 트렌드로 자리를 잡아가고 있다. CES 2024를 계기로 국내에서도 가전사와 미디어 기업들이 주도하는 FAST 활성화 논의가 본격화되었다.

넷째, CES 2024에서는 디바이스와 콘텐츠 분야를 막론하고 "어떻게 이용자들에게 몰입감Immersiveness 높은 경험을 제공할 것인가"가 최고의 화두로 부상하였다.

콘텐츠 제작과 소비 영역에서 AI, 메타버스를 비롯한 첨단 기술의 활용은 몰입감 높은 콘텐츠 제작 및 서비스를 통해 콘텐츠 이용 플랫폼의 주도권 확보는 물론, 궁극적으로 이용자들의 관심과 시간, 돈을 차지하기 위한 사업자들 간 치열한 경쟁으로 귀결된다.

CES 2024 기간 동안 화제가 되었던 것은 CES 최초로 전시부

CES 2024 SONY 전시장 (라스베이거스 컨벤션센터)

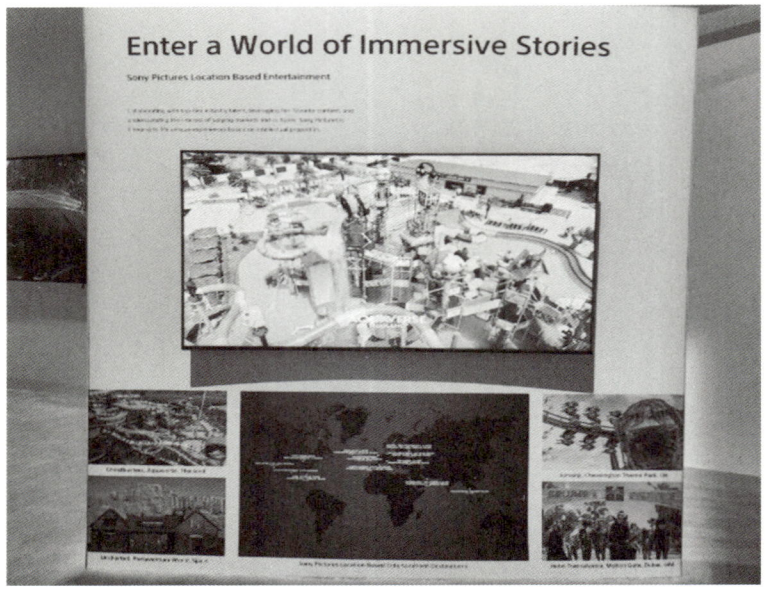

스를 설치한 넷플릭스와 행사에 참여하지 않은 애플 간 행사장 안팎에서의 경쟁이었다. CES 메인 전시장인 LVCC에 부스를 차린 넷플릭스는 SF 드라마 삼체3Body Problem의 예고편을 이용자들이 XR(확장현실) 헤드셋을 쓰고 몸 전체로 몰입감 높게 경험할 수 있도록 전시장을 운영하였다.

이에 반해 CES에 불참한 애플은 CES 개막 하루 전 "다음 달 2일 MR(혼합현실) 헤드셋 '비전 프로'를 공개할 예정"이라고 발표하였다. CES에 집중된 언론의 관심을 자사로 돌리면서 이슈를 만들려는 언론플레이였다. 2023년 개발 정보가 알려진 비전 프로는 8K 초고해상도 디스플레이를 탑재해 "혁신적이고 마법 같은 사용자 인터페이스를 제공할 것"이라고 애플은 밝혔다. 애플의 팀 쿡 CEO는 "(가상과 현실을 오갈 수 있는) 공간형 컴퓨터의 시대가 도래했다"고 선언하였다.

최근 미디어 및 콘텐츠 이용자들은 단순히 콘텐츠라는 상품이나 서비스를 제공받는 것에 만족하지 않는다. 직접 경험해 보고 느껴보아야 가치를 평가·인정하고 지갑을 연다. '체험경제' 이론에서 기업은 고객에게 가치있는 경험을 제공해야 하고, 그 경험 자체가 하나의 상품이 될 것이라고 했다. 그런 의미에서 콘텐츠와 첨단 기술을 결합시켜서 어떻게 이용자의 몰입감을 극대화할 것이냐 하는 것이 최고 화두가 된 CES 2024는 새로운 체험경제의 시작을 알리는 행사로 평가될 것이다.

마지막으로 CES 2024는 AI의 확산과 함께 '지속가능성 및 인간안보' 아젠다가 행사 전반을 관통하는 또 다른 축으로 자리잡았다.
CES 2024의 메인 주제 'All Together, All On'은 인류의 과제를 해결하기 위해 세계의 혁신적인 기술이 한자리에 모인다는 의미를 담고 있다. 메인 주제는 특히 기후변화에 대응하여 기술을 통해 에너지 효율성을 높이고, 깨끗한 물의 확보 등 환경보호 그리고 회복력 등 인류의 지속가능성Sustainability을 높이자는 CES 주관사 CTA의 핵심 메시지로 구체화되었다.

기후위기 등 인류 공통의 과제를 해결하고 인류의 지속가능성을 확보하기 위한 노력은 대기업들의 전시 공간에서 확인할 수 있었다. 삼성전자의 '지속가능성 존'과 체험형 공간, LG전자의 '지속가능한 홈 솔루션', SK그룹의 '넷 제로 세상' 체험존 등은 글로벌 빅테크 기업들이 인류 공통의 문제에 대해 함께 고민하고 해결책을 제시하는 책임감 있는 기업이라는 점을 부각시켰다. 실제로 이들 대기업들의 역할은 더욱 커지고 있고, 이 분야 글로벌 논의를 주도하고 있다.

전통적으로 지속가능성이나 인간안보, 포용 및 통합과 같은 아젠다는 사회문화적 가치를 지향하고, 공적 책무를 구현하는 차원에서 미디어 기업들, 특히 공영 미디어들이 주도해 왔다. 그러나 최근 지상파방송, 케이블TV 등 미디어의 사회적 책무를 담당했던 레거시 미디어들이 경영 위기에 빠지면서 사회문화적 이슈 제기 및 아젠다 셋팅 능력이 현저히 떨어지고 있다. 미디어 시장에서 입지뿐만 아니라, 공적 아젠다 영역에서 레거시 미디어들의 역할과 영향력이 축소되는 현실에 대한 정책 담당자들과 기업들의 깊은 고민과 대응이 필요하다.

CES 2024 참가기업과 참관자들이 공통적으로 느낀 점은 이제 미디어 및 콘텐츠 영역에서도 AI, 메타버스와 같은 첨단 기술의 이용은 피할 수 없는 흐름이고, 오히려 그것의 힘은 더욱 강력해지고 있다는 사실이다. 미디어와 콘텐츠 기업의 경쟁력 제고, 그리고 개별 콘텐츠의 부가가치와 차별성 증대를 위해서라도 첨단 기술의 활용은 필수적이다.

그러나 맹목적인 기술 추종이나 종속이 좋은 해법은 아니다. 흔히 정부나 기업이 해결해야 할 문제의 해답은 '현장'에 있다고 한다. CES 2024 현장에서 발견한 것은 IT기업이든, 미디어와 콘텐츠 기업이든 당면한 과제의 해법과 역할 모색의 출발점은 바로 '이용자들'이 되어야 한다는 평범한 사실이다. 이용자들의 요구에 대한 정확한 이해, 이용행태 분석없이 첨단 기술과 서비스에 접근하고, 활용하는 것은 나침반 없이 망망대해를 항해하는 것과 다를 바 없다. CES 2024는 이것을 분명하게 확인시켜 주었다.

CES 2025의
네 가지 첨단 기술 트렌드와
트럼프 2.0시대 전망

세계 최대 규모 'IT 기술 전시회'인 CES는 전 세계 기술 혁신을 선도하면서 산업과 경제, 사회 등 모든 분야에 막강한 영향력을 행사한다. CES를 주최하는 미국소비자기술협회CTA의 모토 가운데 하나는 "세계가 한자리에 모여 우리의 미래를 논의한다"이다.

CES에는 수많은 첨단 기술과 제품, 그리고 서비스가 출품되어 경쟁을 펼친다. 새로운 기술과 아이디어로 중무장한 기업들 간 경쟁의 장이자, 동시에 각 국가의 경쟁력 수준을 비교해 볼 수 있는 좋은 기회다. 지금 세계 산업을 이끌어가는 기술 트렌드를 확인하는 것뿐만 아니라 그것의 연장선에서 우리의 미래를 결정하는 혁신 기술들을 미리 만나볼 수 있다. 물론 단순히 기술뿐만 아니라 '지속가능한 세계'를 위해 모두가 함께 고민하고, 방법을 찾는 것도 CES의 고유한 역할이다.

"연결하고, 해결하며, 발견하고, 탐구하라Dive In"는 주제로 1월 7일부터 나흘간 미국 라스베이거스에서 열린 CES 2025에는 전 세계에서 4천500여개 기업들이 참가했다. 우리나라 기업들도 1천여개가 참가했다. 역대 최대 규모다. 창업 5년 이하의 스타트

업과 벤처기업들이 참가할 수 있는 베네시안Venetian 캠퍼스의 유레카Eureka관에는 전 세계에서 1천300여개 기업이 참여했고, 그 가운데 한국 기업들이 절반 가까운 비중(48%)을 차지했다. 또한 'CES 2025 혁신상'을 수상한 전 세계 292개 기업 중 129개 사가 한국 기업이었다. 유레카관만 본다면 서울의 코엑스COEX를 라스베이거스 컨벤션센터LVCC로 옮겨 놓았다고 표현해도 이상하지 않을 정도였다.

CES 2025의 경우 CTA는 23개 기술 및 제품 분야Topics로 나눠서 기업들이 참가하도록 했다. 또한 그해 기술 트렌드를 반영해 'CES 핵심 기술 키워드'를 사전에 공개하는데, CES 2025의 핵심 기술 키워드는 인공지능AI, Artificial Intelligence, 첨단 모빌리티Mobility, 디지털 헬스Digital Health 등 세 개였다. CES의 핵심 기술 키

202 넥스트 한류

워드는 기술과 산업의 트렌드를 뛰어넘어 시대의 흐름을 선도하고, 인류가 지향해야 할 가치와 나아가야 할 방향을 제시하기도 한다. 그래서 혹자는 "CES가 인류의 미래를 만들고 있다"라는 평가를 내리기도 한다. 결코 과장이 아니다.

실제로 CES의 핵심 기술 키워드를 보면 기술 혁신에 발을 맞춰서 매년 새로운 키워드들이 추가된다. 지난 15년 동안 CES에서 최초 소개된 기술 및 제품만 보더라도 3D TV(2010), 태블릿 PC(2011), 스마트 카(2013), 드론(2015), AI 스피커(2017), AI 로봇 볼리(2020), 플라잉카(2021), 자율주행 트랙터(2023), 차세대 AI GPU(2025) 등 면면이 화려하다. 이러한 첨단 기술과 제품들은 산업과 경제의 지형을 바꾸고, 우리의 삶과 세상을 바꿔 놓았다.

때문에 CES 2025에 나타난 IT 기술의 트렌드를 파악하는 것을 넘어서 핵심 기술 키워드가 앞으로 어떤 방향으로 발전해 나아갈지 예측해 보는 것도 흥미로운 일이다. 이는 대단히 중요하다. 그것은 이들 핵심 기술 키워드가 현재를 넘어 우리의 미래를 좌우할 수 있기 때문이다.

첫째, AI 생태계의 확장이다.
지식을 뛰어넘어 감정 인식과 상황 이해 능력까지 갖춘 차세대

AI 시스템으로 AI 기술은 한층 발전할 것으로 예상된다. CES 2025에서 확인된 AI 기술의 영향력은 막강했다. 지난해 CES에서 AI는 핵심 기술 키워드로 등장했지만, 올해 CES에서는 사실상 전시와 컨퍼런스 전 분야를 휩쓸었다고 해도 과언이 아니다. 가장 큰 변화는 특정 기술과 제품 속에서 작동하던 AI가 인간을 돕는 '도우미'처럼 일상 속으로 들어왔다는 것이다.

CES 2025 개막 전 CTA가 개최한 기자 대상 언베일드Unveiled 행사에서 CTA는 AI의 발전 방향을 자율적인 작업 수행이 가능한 AI 에이전트Agent, 제조 현장의 혁명을 불러올 디지털 트윈Digital Twin, 그리고 사람을 닮은 휴머노이드 로봇Humanoid Robot 등 세 가지를 제시했다. CES 2025의 슈퍼스타로 화려하게 나타난 젠슨 황 엔비디아NVIDIA CEO 또한 AI의 미래로 휴머노이드 로봇과 AI 에이전트를 꼽았다. 그는 CES 개막식 기조연설에서 "로봇의 챗GPT 모멘텀이 오고 있다"고 선언했다.

둘째, 첨단 디지털 헬스가 인간 수명과 삶의 질을 바꾼다.
한국뿐만 아니라 대다수의 선진국들은 '저출산 고령화'의 위기를 겪고 있다. 인구 대국 중국도 이 문제만큼은 피하지 못하고 있다. 저출산은 국가경쟁력 약화로 이어지고, 고령화는 의료비 증가 등 개인의 경제적 부담은 물론, 정부의 재정 부담을 가중시킨다.

CTA가 CES 2025의 '3대 핵심 기술 키워드'에 디지털 헬스를 포함시킨 덕분이지만, 디지털 헬스에 대한 관심은 당초 예상을 훨씬 뛰어넘었다. CTA가 베네시안 캠퍼스에 스타트업 중심의 유레카관과 함께 디지털 헬스 전시장을 배치한 것도 디지털 헬스의 위상을 잘 보여준 장면이었다. CES 2025에서 디지털 헬스는 IT 영역에서도 헬스가 확실한 주류이자 대세임을 확인시켜 줬다.

AI와 결합된 첨단 디지털 헬스는 예방에 초점을 맞춘 개인 맞춤형 의료 시스템을 더욱 발전시키고, 확산시킬 것으로 예상된다. 게리 샤피로 CES CEO는 "첨단 기술로 인해서 인간이 장수하게 되었고, 삶의 질이 높아졌다"고 강조했다. 인간의 수명이 연장된 시대에 장수보다 중요한 것은 '건강한 삶'이다. 장수와 건강한 삶은 개인뿐만 아니라 보건, 복지, 노동, 문화 등 사회 전 분야의 패러다임을 바꿔놓고 있다.

셋째, AI와 결합된 차세대 모빌리티 생태계 또한 빠르게 확장되고 있다.
자율 주행 기술의 완성도가 높아지고, 도심 항공 모빌리티UAM의 상용화가 가속화될 것으로 예상된다. 첨단 모빌리티 기술은 스마트시티와 연계해 교통 시스템의 혁신을 넘어서 우리 사회와 세상을 바꾸고 있다. 즉 자동차를 바꾸는 것을 넘어서 우리의 일상생활 및 도시의 구조와 작동 방식 등 세상을 바꾸는 핵심 기술이 되고 있다.

CTA에 따르면 CES 2025에 '차량 기술과 첨단 모빌리티' 부문에 참가한 기업은 700여 개에 달한다. 모빌리티를 테마로 구성된 라스베이거스 컨벤션센터LVCC 캠퍼스의 웨스트홀에는 기존 완성차업체를 중심으로 300여 개의 기업이 부스를 차렸다. 그러나 진정한 첨단 모빌리티 경연장은 글로벌 가전사들의 부스가 위치한 LVCC 센트럴홀이었다. 여기에서 최대 화두는 소프트웨어 중심 자동차SDV였다.

LG전자는 독자 개발한 차량용 솔루션 '인캐빈 센싱'을 공개했고, 삼성전자는 자회사 하만과 함께 연결Connect과 공감을 강조한 차량용 플랫폼을 선보였다. 혼다는 소니와 손잡고 최신 전기차와 첨단 자동차용 소프트웨어 그리고 엔터테인먼트가 결합된 미래 비전을 제시했다.

이외에도 CES 기조연설자로 나선 에드 바스티안 델타항공 CEO는 "생성AI를 접목시켜 훨씬 편리하고 개인화된 비행 경험을 제공하겠다"는 계획을 발표했다. 또한 마틴 룬스테트 볼보 CEO는 화석연료를 사용하지 않으면서도 효율적인 운송 인프라를 구축하는 전략을 발표했다. 첨단 모빌리티 기술이 자동차산업을 넘어 교통 인프라와 에너지 부문, 도시 구조 등 경제 생태계 전반에 영향을 미칠 것으로 예상하는 이유다.

마지막으로 지속가능한 에너지 전환이다.
CES는 2022년부터 지속가능성Sustainability을 핵심 기술 키워드로 제시했다. 2024년에는 국내외 대기업들이 일제히 지속가능성을 전시장의 메인 주제로 선정해 관련 기술과 사업을 대대적으로 홍보했다.

CES 2025에서는 지난해보다 지속가능성이 크게 부각되지는 않았지만, 이제는 일상적 경영 전략 및 기술 개발의 기본 가치로 자리 잡았다는 느낌을 받았다. 대신 지속가능성과 관련해 올해는 '에너지 전환'이라는 보다 구체적인 주제가 제시됐다. AI 혁신 과정에서 막대한 전력 수요와 환경 파괴 문제가 큰 이슈로 부각됨에 따라 이를 논의하고 해결하기 위한 주제를 채택한 것으로 보인다.

특히 AI 부문의 기술 개발에 막대한 투자를 하고 있는 구글, 마이크로소프트, 메타, 오픈AI 등 글로벌 빅테크 기업들 입장에서 보면, AI 기술 혁신 선도라는 목표가 탄소 감축 목표와 충돌하면서 에너지 혁신이 시급하게 해결해야 할 과제로 부상했다. 이에 CES는 '지속가능한 AI 혁신과 에너지 공급'을 주제로 특별 세션을 진행하는 등 친환경 에너지 전환과 최적화된 전력 수요 관리 솔루션 마련에 집중하는 모습을 보였다. 국내에서 여전히 논란이 되고 있지만, 지속가능성 확보를 위한 탄소 감축과 에너지 전환 이슈는 이제 선택의 문제가 아닌 생존이 달린 문제, 즉 인류의 미래를 좌우하는 문제가 되었다.

CES 2025의 핵심 기술 키워드로 제시된 AI, 첨단 모빌리티, 디지털 헬스, 그리고 지속가능성 이슈는 현재 글로벌 차원의 기술, 경제, 사회 트렌드를 주도하고 있을 뿐만 아니라 우리의 미래를 결정할 핵심 기술 트렌드다. '지속가능한 미래 실현'을 목표로

CES가 이슈를 제기하고, 혁신을 주도하며, 세계 각국의 이해관계자들이 함께 모여 논의할 수 있는 장을 마련해 준 것은 대단히 높게 평가할만한 일이다.

그러나 우리 기업들과 정부가 핵심 기술 분야에서 혁신과 글로벌 논의를 주도하고 있는지는 의문이다. 세계 두 번째로 국회에서 'AI 기본법'이 통과됐으나 AI 분야 경쟁력은 글로벌 양강인 미국, 중국과 격차가 더욱 벌어지고 있다. 아시아에서도 싱가포르에 밀려있다. 첨단 디지털 헬스 분야도 기업의 경쟁력은 갖춘 것으로 평가가 되고 있지만, 의대 정원 증원 문제에서 시작된 정부와 의료계의 극단적 충돌 상황을 고려하면 관련 제도 도입은 다른 나라 이야기로 들린다. 지속가능성을 위한 에너지 전환 이슈 또한 윤석열 정부가 들어서면서 퇴행에 퇴행을 거듭했다는 것은 부정할 수 없는 사실이다.

CES 2025에 우리 기업들은 역대 최대 규모로 참가했다. 대기업, 중소기업을 막론하고 혁신 기술과 제품을 중심으로 좋은 평가를 받았고, 다수의 혁신상 수상 등 적지 않은 성과를 거둔 것으로 평가된다. 그러나 'CES 거품론'이나 '참가 무용론'이 나오는 것도 사실이다. 이러한 비판이 나온 것은 지금의 국내 정치, 경제, 사회 상황과 무관하지 않을 것이다. 혁신 기술과 기업에 대한

CES 2025 KOCCA 전시장 (라스베이거스 베네시안 캠퍼스)

뒷받침을 통해 국가경쟁력을 제고하고, 우리 경제 시스템과 사회가 지속가능하도록 만드는 정치 사회적 대타협이 필요한 이유이다. 이것이 CES 2025가 우리 경제와 정치, 사회에 던진 메시지이자, CES를 통해 얻어야 할 가장 큰 교훈이다.

CES 2025의 기술 및 산업 트렌드가 '2기 트럼프 정부'의 ICT 정책과 향후 어떻게 조응할 것인가도 중요한 관심 대상이다.

지난해 11월 도널드 트럼프 후보가 대통령 선거에서 당선된 직후, 게리 샤피로 Gary Shapiro CTA 회장은 "트럼프 2기 행정부의 디지털 정책, STEM(과학·기술·공학·수학) 교육 강화 및 인력 양성 등 정책 추진에 협력하겠다"라는 입장을 밝히면서 "CTA는 트럼프 1기 집권 기간 동안 자율주행차, AI, 원격진료 등 핵심 혁신 분야에서 긴밀하게 협력하였다"라고 강조하였다.

게리 샤피로 CEO가 트럼프 후보 당선에 입장을 밝힌 것은 트럼프 후보의 대선 공약, 즉 2기 트럼프 정부의 정책이 AI 부문을 비롯한 첨단 기술과 산업에 미치는 영향이 그만큼 막강하다는 것을 방증한다. 선거운동 기간 동안 MAGA Make America Great Again를 핵심 슬로건으로 내세웠던 트럼프 후보의 당선으로 "트럼프 정부 2기는 미국 우선주의America First를 넘어 미국 유일주의America Only를 표방할 것"이라는 걱정도 나왔고, 그것은 지금 현실이 되었다.

먼저 AI 분야는 바이든 정부의 AI 관련 행정명령이 철회되고 AI 정책 방향도 공공 감독에서 규제 완화로 전환될 것으로 예상된다. 트럼프 대통령은 과거 재임 시절 AI 연구 개발을 촉진하고 기술 사용 장벽을 완화하는 행정명령에 서명한 바 있다. 또한 선거운동 기간 동안 바이든 행정부의 AI 행정명령을 철회하겠다는 입장을 일관되게 밝혔다. 미국 워싱턴 DC에 본사를 둔 중도 우파 싱크탱크인 R스트리트연구소가 발표한 리포트에 따르면 "2기 트럼프 정부는 AI 부문에 대한 행정부의 규제 과잉을 완화하고 중국의 AI 기술 발전에 대응하는 정책에 중점을 둘 것"이라고 예측하였다.

2기 트럼프 정부의 공격적인 AI 정책 추진으로 인해 미국 주도 AI 기술 발전과 산업 전 분야로의 확산은 상당히 빠른 속도로 진행될 것이다. 반면, CES의 주요 테마인 인간안보와 국가안보를 위협할 수 있는 AI 기술 개발과 이용에 대한 정부와 사회 규제 논의, 그리고 한층 강화된 기술 패권주의로 인해 AI 기술 분야의 국제 교류와 협력은 크게 약화될 가능성이 높다. 또한 개인정보를 희생하면서 AI 기술 개발에 박차를 가할 것이라는 우려도 제기되고 있다.

다음으로 트럼프 2기 정부에서는 자율주행을 중심으로 모빌리티 분야의 규제 완화가 예상된다. 미국 정부는 현재 자동차 제조사가 1년에 배치할 수 있는 완전자율주행 시범 차량을 2,500대로 제한하고 있는데, 2기 트럼프 정부에서는 이 규제가 먼저 풀릴 것으로 예상된다. 무엇보다 일론 머스크Elon Musk 테슬라 CEO가 트럼프 선거캠프에 막대한 선거자금을 기부하는 등 당선에 일조하면서 일약 트럼프 대통령의 최측근이 되었고, 정부효율부Department of Government Efficiency 수장에 임명됨에 따라 자율주행차 관련 규제 완화가 더욱 속도를 낼 것으로 보인다.

디지털 헬스케어 정책의 변화도 예상된다. 1기 트럼프 정부는 환자 최우선Patients First과 헬스케어의 통제권을 환자에게 부여하는 정책 기조를 표방하였다. 정부의 역할은 의료 공급자와 보험자가 비용과 서비스 질을 기반으로 자유롭게 경쟁하는 시장을 조성하는데 주력하였다. 무엇보다 트럼프 대통령은 미국의 보편적 건강보험제도인 '오바마 케어 폐지'를 대선 공약으로 제시함으로써 큰 변화를 예고하였다. 트럼프 정부 2기는 예산 절감과 소비자 선택의 폭을 넓히기 위해 시장 중심의 의료서비스를 강조하고, 관련 시스템을 정비해 나갈 것으로 보인다. 이에 따라서 의료 접근권 보장과 의료비 절감을 목표로 디지털 헬스케어에 대한 수요가 더욱 증가할 것이라는 낙관적 전망이 주를 이룬다.

특히 2기 트럼프 정부가 AI 분야의 대폭적인 규제 완화를 추진하고 민간의 자율성을 보장할 것으로 예상되는 가운데 AI 기술을 활용한 진단 및 치료 솔루션 등이 혁신 기술로 인정받으면서 의료계의 근본적인 변화를 이끌 것으로 전망된다. 또한 AI를 활용한 신약 개발이나 개인 맞춤형 디지털 헬스케어 분야도 더욱 활기를 띨 것으로 예측할 수 있다.

반면, CES의 중요 아젠다인 인간안보와 지속가능성은 2기 트럼프 정부에서 정책의 주변부로 밀려날 가능성이 높다. 뉴욕타임

도널드 트럼프 미국 대통령

출처: 백악관

스 보도(2024.10.24)에 따르면 대선 당시 미국의 노벨상 수상자 82명은 트럼프 정부가 귀환하면 산업과 사회 영향력을 골고루 고려한 균형 잡힌 과학기술 정책이나 기후변화 대응 분야의 발전이 위축될 것이라고 우려했다. 인간안보와 지속가능성은 글로벌 차원의 기업 및 국가 간 연대와 협력을 통해서 모든 구성원들이 함께 발전할 수 있는 '기술 생태계'를 중심으로 작동한다. 그런데 이는 MAGA를 전면에 내세운 트럼프 대통령의 '강화된 미국 우선주의'와 상호 양립하기가 어려운 아젠다들이다. 물론 민간 기업 차원에서 인간안보와 지속가능성 아젠다는 여전히 유효하고, 중요한 전략으로 자리를 잡아가고 있다. 그러나 정부의 정책 주도권은 크게 약화하거나 정책이 실종될 수 있고, 이에 따라 기업 등 민간 부문에 대한 정부 지원 또한 줄어들 수밖에 없을 것이다.

특히 지속가능성의 핵심 의제인 탄소중립 혹은 '넷제로Net-Zero'로 대표되는 친환경 에너지 전환 정책, 그리고 이와 관련된 기술 혁신 분야는 최대 위기에 직면하였다. 2기 트럼프 정부의 에너지 정책은 석유와 가스 등 에너지 자원을 확보하는 '에너지 자립' 수준을 뛰어넘어 미국 내에서 생산되는 석유와 가스를 활용하여 글로벌 에너지 시장의 주도권, 즉 '에너지 패권'을 장악하겠다는 전략이다.

이를 위해 트럼프 대통령은 에너지부 장관, 환경보호청장 등 에너지 관련 요직에 친화석연료주의자를 임명했다. 화석연료 기반의 에너지 정책은 친환경 정책에 역행하는 것을 넘어서 바이든 정부가 추진했던 주요 친환경 에너지 정책을 폐기할 것으로 보인다. 일례로 에너지부 장관에 임명된 크리스 라이트Chris Wright 리버티에너지 CEO는 "기후위기는 허구이다. 기후변화로 인한 피해는 화석연료의 장점보다 적다"고 주장하였다. 환경보호청EPA 청장에 임명된 리 젤딘Lee Michael Zeldin 전 하원 의원은 재임 기간 동안 국립 야생동물 보호구역에서 석유·가스 시추를 금지하는 친환경 법안 등에 반대한 이력을 갖고 있는 인물이다. 대선 당시 트럼프 대통령은 취임 즉시 지구온난화를 막기 위한 국제협약인 '파리협정'에서 다시 탈퇴할 것이라고 공언하였고, 취임과 동시에 이 공약을 이행했다. 이로 인해 글로벌 차원의 기후변화 대응은 이미 커다란 타격을 입었다.

"트럼프 정부 출범으로 세계 경제에 진정한 불확실성의 시대가 도래하였다." 세계적인 경제 석학 배리 아이켄그린Barry Julian Eichengreen 미 캘리포니아대 버클리캠퍼스 경제학과 교수는 미국과 세계 경제가 '트럼프 리스크'에 심각하게 노출되었다고 주장하였다. CES 2025는 코로나 팬데믹 시기 이상으로 국내외 정세가 혼란스럽고 어려운 가운데 진행되었다. 그러나 정치의 퇴행 속에서도 역사를 발전시킨 것은 '혁신의 힘'이었다. 또한 경제의 근간은 기업과 기업인이었다는 사실을 잊지 않았으면 좋겠다. CES 2025에 참가하여 경험을 공유했던 국내외 모든 기업과 기업인, 그리고 전문가들이 연대와 협력의 정신을 바탕으로 '지속가능한 세상', '모두가 함께 잘 사는 세상'을 만드는데 조금의 주저함도 없이 함께 뛰어들기Dive In를 바란다.

CES 2025가 선택한 미디어와 콘텐츠 이슈들

2024년 한 해 동안 ICT 분야는 물론, 미디어와 콘텐츠 분야에서 가장 큰 화제를 몰고 다닌 이슈는 단연 인공지능AI, Artificial Intelligence이었다. 올해도 AI는 거의 모든 분야 '이슈 리스트'의 상위권을 차지하고 있다. 과학기술정보통신부 산하 정보통신기획평가원IITP은 "2025년은 AI가 우리의 생활에 범용기술GPT, General-Purpose Technology로 자리 잡으면서 혁신과 경쟁이 더욱 빠르게 진행되는 해가 될 것이다"라고 예측하였다.

동영상 생성AI 등장,
콘텐츠 제작의 전면적 변화 시작

2020년 말 대규모 언어모델LLM, Large Language Model에 기반한 생성AI인 챗GPT 등장 이후 미디어와 콘텐츠 분야도 큰 변화를 겪고 있다. 생성AI는 기존 예측형 분석을 넘어 콘텐츠의 제작과 편집에 활용되는 것은 물론, 플랫폼에 접목되면서 맞춤형 추천 등 콘텐츠의 유통과 소비자의 최종 이용 단계까지 개입하고 있다.

특히 OpenAI, NVIDIA, Google 등이 멀티모달 이미지 및 동영상 생성AI를 잇달아 공개하면서 콘텐츠 제작에 전면적 변화가 시작되었다. 물론 콘텐츠의 완성도나 수익 창출 문제, 저작권 이슈, 그리고 딥페이크를 둘러싼 정치적·윤리적 논란은 있지만, 2025년 한해도 AI는 미디어와 콘텐츠업계 안팎에서 뜨거운 이슈로 관심의 대상이 될 것이다.

2025년 1월 7일(현지시각) 미국 라스베이거스에서 개막된 세계 최대 IT 전시회인 'CES 2025'에서 가장 중요한 기술 키워드는 역시 AI였다. 개막에 앞서 CES를 주최하는 전미소비자기술협회CTA는 금년 행사의 '핵심 기술 키워드'로 ▲AI와 함께, ▲차량 기술과 첨단 모빌리티Mobility ▲디지털 헬스Digital Health 등 세 가지를 제시했다. 이번 CES 2025의 주제는 기술로 '연결하고, 해결하며, 발견하고 깊이 탐구하자Connect, Solve, Discover, Dive In'이다. 물론 핵심은 모빌리티와 디지털 헬스를 포함한 모든 산업 영역에 AI를 더 강력하게 접목하고, 일상생활에도 AI를 적극 활용하자는 취지였다.

전통적으로 CES는 다른 산업 영역에 비해 미디어와 콘텐츠 분야의 비중이 상대적으로 크지 않았다. 그러나 가전 '제품' 위주의 전시회로 출발했던 CES가 2010년 IT '기술' 전시회로 탈바꿈한 이후 미디어와 콘텐츠 분야의 중요성이 갈수록 커지고 있다.

2000년대 중반 고화질 디지털TV HDTV가 소개되었고, 2010년대 초반에는 3D TV와 스마트TV가 소개되면서 전 세계적인 '고화질 HD 콘텐츠 혁명'을 촉발시켰다. 2010년대 후반에는 메타버스의 등장과 함께 AR/VR헤드셋이 출시되기도 하였으며, 이때부터 몰입감을 높인 각종 게임 콘텐츠가 각광을 받기 시작하였다. 2020년대에는 Micro LED TV와 롤러블 TV 등 디스플레이스의 혁신을 주도하였다. 또한 이 무렵 AI 스피커가 등장하면서 가전사 간 스마트홈의 주도권 경쟁이 본격화되었다.

CES C Space, 미디어 및 콘텐츠 산업 트렌드 논의

미디어, 특히 콘텐츠가 CES의 주요 분야 Topics로 비중있게 다뤄지기 시작한 것은 2020년부터였다. 당시 코로나 팬데믹으로 인해 온라인 콘텐츠 소비가 급증하고, 이에 보조를 맞춰 OTT 등 스트리밍 서비스가 급성장하면서 미디어와 콘텐츠, 광고 관련 전시와 프로그램의 중요성이 크게 부각되었다. 이때부터 CES에서 'C Space'가 공식 명칭으로 사용되었고, 미디어 및 콘텐츠 산업의 트렌드를 논의하는 중요한 플랫폼으로 위상을 확립하였다. 물론 C Space가 최근 몇 년 사이 갑자기 부상한 개념은 아니다. CES

CES 2025 C Space 컨퍼런스 행사

의 오랜 역사 속에서 C Space의 개념과 내용들이 점진적으로 채워지고 강화되었다고 보는 것이 정확한 표현일 것이다.

CES 2025 기간 동안 C Space에서 진행되는 미디어와 콘텐츠 분야의 행사로는 기조연설Keynote Speech, CES 공식 파트너인 '디지털 할리우드Digital Hollywood' 컨퍼런스가 있다.

먼저 북미 최대 오디오 플랫폼 기업 시리우스XMSiriusXM의 제니퍼 위츠Jennifer Witz CEO가 기조연설 무대에 올랐다. 위츠는 엔터테인먼트, 뉴스, 음악, 스포츠, 토크 등 최고의 오디오 콘텐츠로 시리우스XM의 프로그램을 구성하고, 스트리밍은 물론 자동차 오디오 플랫폼, 광고 비즈니스 등 시리우스XM의 서비스를 확장하기 위한 전략을 펼쳐 상당한 성과를 거둔 것으로 알려져 있다. 시리우스XM은 1억 5천만명의 이용자를 확보하고 있으며, 2024년 2분기 총매출은 21억 8천만 달러, 순이익은 3억 1천6백만 달러를 기록했다. 그는 이번 기조연설에서 자신의 경험을 토대로 스토리 제작과 콘텐츠 소비 방식에 있어 기술이 어떠한 영향을 미치는지를 설명하였다.

디지털 할리우드는 CES 개막 하루 전 1월 6일 C Space에서 '할리우드 혁명: AI&AR에서 스트리밍까지'라는 주제하에 미디어, 엔터테인먼트, 테크놀로지 산업의 혁신적 변화를 조망하는 오프라인 이벤트를 개최하였다. CES 컨퍼런스 중 미디어와 콘텐츠, 엔터테크에 집중하는 대표적인 행사이다. 디지털 할리우드는 컨퍼런스를 앞두고 "이번 행사는 AI, XR, 스트리밍부터 광고, 리테일 기술, 브랜드 경험까지 다양한 주제를 다루며, 업계 리더들과 함께 미래를 모색하는 특별한 자리가 될 것"이라고 밝혔다. 그 가운데 AI는 오전과 오후에 진행된 거의 모든 발표와 토론에서 빠지지 않고 논의되는 핵심 키워드였다.

CES 2025, AI 기반 실감형 및 체험형 콘텐츠가 주도

CTA에 따르면 라스베이거스 컨벤션센터LVCC 등 CES 전시장 전체적으로 미디어 엔터테인먼트 분야(CTA 분류 기준) 전시에는 837개 사가 참가한 것으로 나타났다. 이 가운데 가장 많은 385개 사가 AR/VR/XR 기반의 실감형 콘텐츠를 들고 CES에 참가하였다. 또한 메타버스 관련 기업도 152개 사가 참가하였다. 참가 기업의 전시 분야를 기준으로 보면, CES 2025의 미디어 엔터테인먼트 분야의 핵심 트렌드는 지난해에 이어서 올해도 몰입감 높은 실감형 및 체험형 콘텐츠가 전시회를 주도하는 가운데, CES 전체 트렌드와 마찬가지로 콘텐츠 분야에서도 AI가 '주류'로 급부상하였다.

2024년은 '크리에이터 이코노미Creator Economy'가 부활하는 한 해였다. 생성AI가 등장하고 유튜브 인플루언서, 크리에이터의 인기가 TV 셀럽들을 추월하면서 콘텐츠 시장의 대세를 형성하고 있다. 특히 젊은 세대일수록 소셜 미디어Social Media를 통해 크리에이터들이 제작하는 콘텐츠UGC 이용이 크게 증가하고 있어 크리에이터들이 주도하는 시장을 무시할 수 없게 되었다. 2024년 기준으로 글로벌 크리에이터 이코노미 시장 규모는 약 239.6억 달

러에 달하고, 시장은 더욱 빠른 속도로 성장하고 있다.

이러한 트렌드를 반영하여 CES 2025는 크리에이터 산업을 조망하는 행사와 이벤트를 별도로 마련하였다. 크리에이티브 엔터테인먼트 기업인 소니SONY의 후원으로 LVCC 센트럴홀 로비에 'CES 크리에이터 스페이스Creator Space'가 설치, 운영되었다. 이 공간에서는 크리에이터들과 기업 임원들이 브랜드 파트너십, 콘텐츠 권리, 크리에이터 경제 현황 등을 주제로 강연과 토론을 진행했다. CES를 주최하는 CTA는 크리에이터들이 디지털 테크놀로지 내러티브Digital Technology Narative의 중심에 있다고 인식할 뿐만 아니라, 혁신적인 기술을 전 세계 이용자들에게 공유하는 전파자 역할을 수행하는 것으로 보고 있다.

한편, 미국의 S&P글로벌(2024)에 따르면, 미디어 엔터테인먼트 광고 시장은 전체적으로 양호하나 전통 매체와 디지털 플랫폼 간 격차가 더 크게 벌어지는 가운데, 대규모 M&A의 기대감은 높지만 현실화까지는 많은 제약이 있다고 분석하였다. 미국 미디어 엔터테인먼트 기업들의 동향을 보면, 스트리밍 사업에서 안정적 수익 구조를 정착시키고, 스포츠와 오리지널 콘텐츠에 대한 투자 우선순위를 재조정하는 동시에, 전통 TV 부문의 빠른 쇠퇴에 대응하기 위해 비용 효율화에 주력하고 있다. 특히 스트리밍의 수익성 개선은 광고 매출 비중을 얼마나 키울 수 있느냐에 좌우되는 것으로 나타났다.

국내 레거시 미디어, 기술 트렌드에 대한 관심 저조

국내 미디어와 엔터테인먼트 기업들의 경우, 방송 혹은 콘텐츠 관련 국제 행사 이외에 CES 같은 IT 전시회에 대한 관심 및 참여가 대단히 저조한 편이다. 실제 현장에서 국내 참가자를 찾아보기 어렵다. 그러나 2000년 전후 전 세계적인 방송과 통신의 융합 트렌드, 방송의 디지털 전환 등 미디어와 콘텐츠 분야의 변화를 주도한 것이 '디지털 기술'이었다는 점을 고려한다면, CES에 대한 국내 사업자들의 무관심은 상당히 아쉽다.

많이 늦었지만 지금부터라도 CES와 같은 행사에 관심을 갖고 AI를 비롯한 첨단 기술에 기반하여 조직 운영과 비즈니스의 혁신 가능성을 적극 모색해야 한다. 또한 스트리밍 서비스가 미디어와 콘텐츠 분야의 주류로 자리를 굳혀가고, 크리에이터 이코노미가 급성장한 만큼 다양한 사업자들과 전략적 제휴 및 협력을 통해 현재의 위기를 극복하고, 새로운 비즈니스 기회를 포착하는 유연성을 발휘해 주기를 기대한다. 옛말에 "소를 우물가로 끌고 갈 수는 있으나 억지로 물을 마시게 할 수는 없다"고 했다. 귀와 눈을 크게 열고 환경 변화를 정확하게 인지해야 제대로 된 활로를 찾을 수 있다. 더 많이 연결하고, 문제를 해결하며, 새로운 것을 발견하고 'AI 시대'로 과감하게 뛰어들어라.

'토종 OTT의 글로벌화'라는 담대한 비전이 필요하다

최근 K-팝·드라마 등 K-콘텐츠의 글로벌 확산세가 인상적이다. K-콘텐츠로부터 시작된 한류가 아시아를 넘어서 전 세계로 본격 확산되고 있다. 코로나 팬데믹 기간 동안 영상 콘텐츠 소비 등 비대면 문화 활동의 증가, 인터넷과 모바일을 중심으로 한 정보통신 기술의 발전으로 인해 국내 콘텐츠 기업들이 위기 요인을 기회 요인으로 반전시킨 결과이다. 무엇보다 글로벌 콘텐츠 유통 플랫폼OTT인 넷플릭스의 역할이 컸다.

K-콘텐츠 글로벌 위상 강화와 넷플릭스 성장의 동조화

한 인터넷 커뮤니티가 조사한 바에 따르면 넷플릭스 역대 시청 순위 1위에 오른 '오징어게임'을 비롯해서 흥행 순위 100위까지 작품 중 K-콘텐츠는 15개나 이름을 올렸다. 미국 이외 국가 가운데 스페인이 8개 작품으로 2위에 오른 것을 감안하면 K-콘텐츠의 위상을 짐작할 수 있다. 지난 몇 년 동안 글로벌에서 K-콘텐츠의 위상 강화는 넷플릭스의 성장세와 '동조화 현상'을 보였다고 해도 과언이 아니다.

코로나 팬데믹을 전후로 OTT가 콘텐츠 시장의 주류로 급부상했다. 콘텐츠 산업과 시장의 구조를 밑바닥부터 바꾸는 게임체인저Game Changer 역할을 톡톡히 하고 있다. 이로 인해 플랫폼업계에서 클래식 미디어Classic Media로 불리는 지상파방송, 케이블TV는 지속적으로 쇠락하면서 시장에서 고전을 면치 못하고 있다. 여기에 정부의 미디어 정책도 OTT로 무게 중심이 옮겨 가면서 이들 미디어 기업 입장에서는 활로를 찾기가 쉽지 않은 상황이다.

전통적으로 국내 콘텐츠 산업은 미디어 플랫폼과 함께 성장·발전해 왔다. 양자는 떼려야 뗄 수 없는 '바늘과 실의 관계'라고 할 수 있다. 한류가 형성되던 초기만 해도 지상파방송 3사는 국내 콘텐츠 시장에서의 독과점적인 지위를 기반으로 해외 시장에서 나름대로 큰 성과를 거뒀다. 케이블TV 또한 종합유선방송사업자SO와 채널사용사업자PP로 분리는 되었으나 정책적으로 한 울타리 내에서 '일심동체'로 성장하면서 콘텐츠 산업의 발전을 이끌었다.

그러나 미디어 산업 구조 관점에서 최근 상황을 보면, 국내 콘텐츠사업자들이 넷플릭스를 비롯한 글로벌 플랫폼에 콘텐츠 유통과 최종 단계인 소비를 전적으로 의존하고 있는 모양새다. 콘텐츠 제작 재원에 대한 의존도도 점점 높아지고 있다. 이를 놓고 다수의 전문가들은 한국의 콘텐츠가 넷플릭스라는 강력한 글로벌 플랫폼과 결합되어 만들어낸 성공사례로 높게 평가한다. 반면 국내 콘텐츠 기업들이 넷플릭스에 대한 의존을 넘어서 '종속' 단계에 진입하고 있다는 부정적 평가도 적지 않다. 한국 콘텐츠 기업 입장에서 보면 넷플릭스란 플랫폼이 '양날의 칼'인 것은 분명하다.

토종 OTT 콘텐츠 산업 글로벌 경쟁력 강화 방안은?

2024년 2월 콘텐츠 정책을 총괄하는 문화체육관광부와 티빙, 웨이브, LG유플러스, 쿠팡플레이, 왓챠 등 국내 주요 OTT 5개사는 K-콘텐츠 지식재산IP의 해외 플랫폼 종속을 완화하고, 'OTT 콘텐츠 산업 글로벌 경쟁력 강화를 위한 업무협약'을 체결하였다. 이 협약은 영향력을 확대해 가고 있는 넷플릭스를 비롯한 글로벌 OTT에 대한 정부와 사업자들의 인식이 어느 정도 일치하고 있다는 것을 확인시켜 주었다. 우리 콘텐츠 관점에서 글로벌 OTT는 '잘 쓰면 약이지만, 잘못 쓰면 독약'이란 인식이 그것이다.

주요 협약 내용을 보면 △OTT와 제작사 간 IP 공유를 기반으로 한 콘텐츠 제작 및 투자 협력 △OTT 플랫폼과 콘텐츠 해외 진출 추진 △시청 편의성 제고를 위한 배리어 프리Barrier Free 환경 조성 등 세 가지로 요약할 수 있다. 정부 주도로 콘텐츠 제작사들의 권리를 찾아주고, 콘텐츠 제작 지원을 확대하겠다고 발표한 것은 긍정적으로 평가할만하다.

그러나 넷플릭스 등 글로벌 OTT에 대한 콘텐츠 유통 의존도의 완화나, 이를 위한 토종 OTT의 육성 및 글로벌 진출과 같은 '과감한 대책'이 빠진 것은 많이 아쉬웠다. 문화부와 국내 OTT사 간 업무협약이 2023년에 이어 두 번째라는 점에서 아쉬움은 더욱 컸다.

실제로 행사에 참석한 OTT사 대표들은 "문화부와 한국콘텐츠진흥원KOCCA이 앞으로 국내 OTT의 해외 진출에 초점을 맞춰서 정책이나 지원 사업으로 도와줬으면 좋겠다"(왓챠 대표)라고 요청하였다. 또한 "로컬 OTT가 글로벌로 갈 수 있는 단계가 됐으나 정부 지원이나 정책 속도가 빠르게 나오지 않고 있다"(웨이브 대표)는 지적을 했다. 이미 오래 전부터 여러 차례 거론되었던 문제점들이었다.

K-콘텐츠가 글로벌에서 상종가를 기록하고 있는 가운데 K-플랫폼은 여전히 글로벌 진출의 속도를 내지 못하고 있다. K-콘텐츠 파워에 비해 'K-플랫폼 파워'는 비교가 어려울 정도로 약세를 면하지 못하고 있다. 심지어 넷플릭스, 유튜브 등 글로벌 플랫폼 사업자들로부터 '안방'을 지키는 것마저도 힘겨워 보인다. 여기에 K-콘텐츠 유통 플랫폼 육성에 대한 정부의 대책이 효과를 발휘하지 못하고 있는 것도 콘텐츠 산업의 미래에 대한 불안감을 키우고 있다.

물론 K-플랫폼의 글로벌 진출이나 경쟁력 강화의 일차적 책임은 국내 미디어 및 콘텐츠 기업들에게 있다. 그러나 콘텐츠를 넘어서 플랫폼 육성 정책의 방향성 제시나 관련 인프라에 대한 투자 등은 정부의 몫이다. '2인3각 달리기'처럼 정부와 기업이 긴밀하게 협의하고 역량을 집중해야 한다. 그런데 정부 정책마저 콘텐츠와 플랫폼 주무 부처가 다르고, 유기적인 협의 체제 부재로 인해 각개약진식으로 손발이 따로 놀고 있는 현실은 비판받아 마땅하다.

2023년 12월 국내 OTT인 티빙과 웨이브가 합병을 위한 양해각서를 체결하였다. 넷플릭스라는 거대 플랫폼과 국내외에서 경쟁해야 하는 양사 입장에서는 역부족을 뼈저리게 느꼈을 것이고, 몸집 불리기 외에 선택의 여지가 없었을 것이다. 그럼에도 불구하고 2023년 기준 재계 순위 2위에, '종합 미디어 그룹'을 지향했던 SK그룹이 "OTT 사업을 포기하듯이 합병을 선택한 것"은 전체 콘텐츠 산업 관점에서 보면 아쉬움을 남기기에 충분하다.

'K-콘텐츠 파워' 뒷받침하는 'K-플랫폼 파워' 확보가 절실

2024년 12월에는 SBS와 넷플릭스가 '전략적 파트너십을 위한 업무협약'을 맺었다. 이 협약에 따르면 양사는 2025년 1월부터 6년간 SBS의 신구작 드라마·예능·교양 프로그램을 넷플릭스에 공급하기로 했다. 또한 넷플릭스는 올해 하반기부터 SBS의 신작 드라마 중 일부를 전 세계에 동시 공개할 예정이다. 업계는 SBS 콘텐츠가 해외에 직접 공급되어 유통 매출이 증가할 것으로 전망하고 있다. 넷플릭스는 이용자 증가 효과를 톡톡히 누렸다. 이는 양측 모두에게 윈윈 전략일 수 있다. 그러나 다른 한편으로 넷플릭스에 대한 한국 콘텐츠의 제작 재원 및 유통 의존도는 이제 '선택이 아닌 필수'라는 사실을 단적으로 보여준 사례이다.

한류가 전 세계로 확산되고 있는 지금, K-콘텐츠 파워를 뒷받

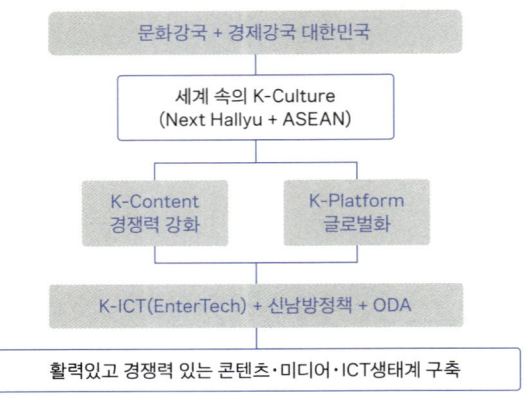

침할 K-플랫폼의 글로벌 진출 그리고 플랫폼 파워의 강화가 절실하다. '지속가능한 한류'를 위해서라도 경쟁력을 갖춘 K-플랫폼은 선택 사항이 아닌 필수 조건이다. 이러한 상황에서 정부가 글로벌 차원에서 요구되는 역할을 수행할 수 있는 K-플랫폼의 육성 정책을 지금처럼 공백 상태로 방치하거나 시장에만 맡겨서는 안된다. 그것은 '시장의 실패'이면서 동시에 '정부의 실패'로 귀결될 것이다. 지금이라도 정부와 기업이 함께 힘을 모아서 '토종 OTT의 글로벌화'라는 '담대한 비전'을 선언해야 한다. 정책의 효과가 나타나는 데 소요되는 물리적 기간을 고려하면 우리에게 시간이 많이 남아있지 않다.

인공지능(AI) 시대 K-콘텐츠의 혁신 전략

"중요한 것은 사람이 전하려고 하는 이야기…
테크는 이를 극대화하는 도구"

한정훈 K엔터테크허브 대표

2025년 3월 15일에 끝난 사우스 바이 사우스웨스트SXSW는 전 세계의 창작자, 스타트업, 미디어 관계자가 한자리에 모여 미래 엔터테인먼트의 방향성을 논의하는 자리였다. 그중에서도 "Storytelling with Impact: How K-Content and Technology Shape the Future of Entertainment" 세션은 한국의 문화체육 관광부와 콘텐츠진흥원KOCCA이 주최하고, K-콘텐츠의 혁신적 스토리텔링과 AI, XR(확장현실) 등 신기술이 어떻게 결합해 새로운 콘텐츠 시대의 문을 여는지를 집중 조명했다.

이 세션은 3월 10일(월) 오전 10시 텍사스 오스틴 컨벤션 센터 Austin Convention Center, SXSW Expo – Next Stage – Exhibit Hall 1 에서 열렸다. K엔터테인먼트 테크 회사들의 현장 대담과 가상 아이돌의 깜짝 무대까지 연결되어 SXSW 2025를 대표하는 하이라이트로 기록되었다. AI·XR 등 몰입형 기술의 영향부터 윤리적 이슈, 버추얼 아이돌 'PLAVE'의 뮤직비디오 공개에 이르기까지, K-콘텐츠가 테크놀로지를 만나 어떻게 글로벌 엔터테인먼트 산업의 미래를 주도하고 있는지를 확인하는 자리였다.

　SXSW 2025의 '넥스트 스테이지Next Stage' 프로그램이 시작되자, 먼저 SXSW를 총괄한 프로그래머 휴 포레스트Hugh Forrest가 등장해 K-콘텐츠의 인기와 미래에 대해 설명했다. 뒤이어 이 세션의 진행을 맡은 I&NW Institute의 웬 장Wen Zhang이 무대에 올라, 자신의 개인적 스토리를 소개하며 청중에게 K-콘텐츠와 기술 융합이 지닌 '스토리텔링의 힘'을 느껴보자고 제안했다.

　웬 장은 자신을 중국 남동부 산골 마을에서 태어났다고 소개했다. 그녀의 고향은 도시까지 8시간이나 걸리는 시골이었으며, 그녀는 우연히 도서관에서 발견한 카세트 녹음기를 통해 영어를 독학하기 시작했다. 그녀는 "9번의 큰 실패 끝에 미국으로 건너왔고, 15년이 지난 지금 SXSW 무대에 올라 전 세계 관객과 만나는 꿈을 이뤘다. 한 사람의 이야기는 다른 사람들과 연결되고, 서로에게 영감을 준다"며 "오늘 세션도 K-콘텐츠가 어떻게 스토리텔링을 통해 글로벌 공감을 이끌어내는지에 주목할 것"이라고 말했다.

이날 세션은 총 3개의 파트로 구성되었는데, 첫 번째 파트에서는 K-콘텐츠 관점에서 본 엔터테인먼트의 미래를 논의했다. 두 번째 파트에서는 AI 기술이 가져올 수익화와 윤리 문제를 다루었고, 마지막 파트에서는 특별한 이벤트가 이어졌다.

첫 번째 파트, K-콘텐츠와
기술의 결합이 만드는 엔터테인먼트의 미래

K-콘텐츠는 테크놀로지를 활용하여 팬들과의 상호작용을 극대화하고 있다. 예를 들어, K-팝은 위버스Weverse나 증강현실AV과 같은 기술을 통해 콘서트에 팬들이 직접 참여할 수 있는 경험을 제공한다. 이는 단순한 2D 경험을 넘어 팬들이 실제로 쇼의 일부가 되는 느낌을 준다. 이러한 기술 활용은 K-콘텐츠가 글로벌 시장에서 성공적으로 자리 잡는 데 중요한 역할을 하고 있다.

웬 장은 브러시 씨어터Brush Theater의 실비아 양Sylvia Yang과 인터랙티브 콘텐츠Interactive Content 플랫폼을 운영하는 앨리 리Ellie Lee를 무대로 초대했다. 실비아는 관객이 능동적으로 참여하는 '몰입형 공연'으로 유명한 브러시 씨어터 대표. 전통적인 극장이 일방향이라면 브러시 씨어터는 기술과 스토리텔링을 접목해 극장 안에서 관객이 배우와 상호작용을 하게 만든다. 실비아는 "이미 전 세계 30여 개국을 순회하며 800회 이상의 공연을 했고, 내년에는 미국 투어도 예정되어 있다"라고 밝혔다. APOC-FAMPPY Inc.을 운영하고 있는 앨리는 웹 기반 XR 및 인터랙티브 콘텐츠 제작 툴을 개발했다. 이 툴은 코딩이나 디자인 전문 지식 없이도 '드래그 앤 드롭Drag and Drop' 방식으로 XR 콘텐츠를 손쉽게 완성할 수 있도록 지원한다. K-팝 아티스트 팝업 스토어, 브랜드 행사, 교육 등 다양한 분야에서 활용되고 있다.

K-콘텐츠와 엔터테크가 만나 새로운 경험을 제공한다

실비아는 "극장에서도 스크린만 보는 게 아니라, AR·VR 기술을 활용해 관객이 무대 속 이야기의 일부가 되도록 만든다"며, K-콘텐츠는 이미 스토리와 기술을 긴밀하게 융합함으로써 폭넓은 글로벌 팬덤을 형성해 왔다고 평가했다. 앨리는 "한국의 아이돌 산업이나 드라마는 이미 XR 등 신기술을 과감히 수용해 온라인과 오프라인을 연결하는 혁신적 경험을 제공한다"라고 말했다. 예를 들어 팝업 스토어에 방문한 팬들이 스마트폰으로 XR 스토리를 체험하고 미션을 수행하는 식이다.

글로벌 엔터 업계가 한국으로부터 배울 교훈 중 하나는 '멀티 플랫폼 전략'이다. 앨리는 첫째로 머천다이징(굿즈), 둘째로 강력한 팬덤 커뮤니티, 셋째로 철저한 로컬라이제이션 전략 등을 꼽았다. 실비아는 "K-콘텐츠는 공연이 끝난 뒤에도 온라인 플랫폼을 통해 팬들과 지속적으로 소통하며, 이를 확장된 스토리텔링으로 연결한다"며, 이 점이 전 세계가 참고해야 할 노하우라고 제안하였다.

앨리는 "XR은 VR, AR, MR 등을 아우르는 개념으로, 이미 우리 일상 곳곳에 존재한다"고 설명했다. 실비아 역시 "브러시 씨어터는 헤드셋 없는 상태로도 무대에서 XR 효과를 느끼도록 구현함으로써 '사람 간의 연결'을 더욱 강화한다"고 강조했다. 두 연사는 "이제 지하철이나 버스에서 스마트폰으로 넷플릭스나 유튜브를 즐기는 것이 일상이 되었듯 XR 콘텐츠 역시 곧 일상에 깊이 스며들 것"이라며 K-콘텐츠는 이를 앞서 실현하고 있다고 입을 모았다.

두 번째 파트, AI가 가져올
새로운 기회와 윤리 문제

웬 장은 실비아와 앨리에 이어 다른 두 명의 창업자를 무대로 불렀다. 엔터테크 기업 다투모DATUMO와 빔 스튜디오BEAM Studio 관계자들이었다. 다투모는 AI 기반 미디어 솔루션을 제공하는 회사로 인터랙티브 AI 굿즈(캐릭터 상품 연계), AI 캐릭터 영상 편지 등을 서비스하고 있다. 빔 스튜디오는 AI 기반 디지털 휴먼 제작 기술을 활용하는 디지털 엔터테인먼트 스타트업이다. 이들은 AI 기술이 K-콘텐츠를 어떻게 바꿀지, 또 수익화와 윤리적 이슈는 어떻게 풀어나가야 할지 집중적으로 논의했다.

먼저 다투모의 마이클 황Michael Hwang은 원래 'AI 데이터' 분야에서 시작해 어린이용 캐릭터 챗봇이나 AI 캐릭터 대화를 구현하는 프로젝트를 진행해 왔다. 최근에는 인기 베이커리와 협업해 QR 코드를 스캔하면 '아이 이름과 좋아하는 장난감' 등을 바탕으로 AI가 자동 생성한 맞춤형 생일 축하 영상을 제공하는 등 개인화된 AI 서비스로 주목받고 있다. 정영범Young Beom Jeong 빔 스튜디오 대표는 25년간 K-POP과 드라마 업계에서 프로듀서로 일해온 후 딥페이크·디에이징De-aging·디지털 휴먼 제작 기술을 결합해 방송·영화 제작의 새로운 지평을 열고 있다. 고인이 된 배우나

희극인을 복원하거나 특정 배우의 젊은 시절을 재현해 스토리에 삽입하는 식으로 프로 수준의 결과물을 만든다고 소개했다.

AI가 엔터테인먼트 산업을 바꾸는 방식, 양방향성과 개인화

AI 기술은 엔터테인먼트 산업에 양방향성과 개인화를 도입하여 전통적인 일방향 콘텐츠를 혁신하고 있다. 마이클은 "이전까지 콘텐츠는 주로 일방향이었다. 이제 AI를 통해 캐릭터와 직접 대화하고, 시청자·사용자 개인의 정보에 맞춰 이야기를 자동으로 생성할 수 있게 되었다"며, 이 점이 K-콘텐츠뿐 아니라 전 세계 엔터테인먼트를 재편할 중요한 요소라고 말했다. 정영범은 "AI로 인해 제작 비용이 크게 절감되고, 스토리텔링의 폭이 확장된다"고 덧붙였다. 한 예로 과거에는 젊은 시절 배역을 위해 다른 배우를 캐스팅했어야 하지만, 이제는 같은 배우가 AI 기술로 나이대별 연기를 소화하게 만들 수 있다.

이들은 새로운 수익 모델에 대해서도 언급하였다. 마이클은 "개인화된 굿즈·라이선스의 가능성이 열렸다"고 강조했다. 예를 들어 팬이 직접 AI를 통해 자신만의 '아이돌 굿즈 영상'을 만들거나, 아이 이름이 들어간 동화책을 즉석 생성하는 등 기존에 없던 상품을 제작 및 판매할 수 있다고 했다. 이들은 AI 기술이 일반인에게도 보편화되면 개인이 마치 '전문 감독' 수준의 영상을 만드는 시대가 올 것이라고 예측했다.

윤리적 이슈-데이터, 초상권, 그리고 고인 복원 등

AI 기술의 발전은 다양한 윤리적 문제를 제기한다. 예를 들어 AI로 생성된 디지털 휴먼의 저작권 문제나, AI 기술을 통해 복원된 고인의 이미지를 사용할 때의 윤리적 고려가 필요하다. 이러한 문제들은 AI 기술이 엔터테인먼트 산업에서 더욱 활발히 사용되기 위해서 선제적으로 해결되어야 할 과제이다. AI 기술은 K-콘텐츠와 엔터테인먼트 산업에 새로운 기회를 제공하지만, 동시에 윤리적 문제를 해결해야 하는 도전도 함께 제시한다. 이런 도전을 넘어 AI 기술이 엔터테인먼트 산업의 미래를 이끌어갈 수 있도록 하는 것이 중요하다.

마이클은 AI가 자동으로 생성하는 콘텐츠를 전부 통제하기 어려운 만큼, 개인정보 과다 수집이나 잘못된 정보(예: '하루에 돌멩이

한 개씩 먹기' 같은 황당 제안)가 나오는 문제를 방지해야 한다고 지적했다. "규제와 자율의 균형을 고민해야 하며, 이는 유럽연합EU·영국·미국·한국 등에서 점차 논의가 깊어지고 있다"고 소개했다. 정영범 대표는 고인이 된 배우나 아티스트를 '디지털 복원'할 때는 반드시 유족의 동의가 필요함을 강조했다. 실제로 가족이 처음에는 거부감이 있었지만, 복원된 영상을 보고 감동해 눈물을 흘렸던 에피소드를 전했다. 동시에 "이 기술을 악용하면 동의 없이 영상을 만들 수 있으므로, 윤리와 법적 규제가 제대로 마련되어야 한다"라고 덧붙였다.

세 번째 파트, 깜짝 무대-MBC 버추얼 아이돌 'PLAVE' "엔터 테크의 최고 절정"

세션의 하이라이트는 마지막에 공개된 서프라이즈였다. 웬 장이 "녹화를 잠시 중단해 달라"고 당부한 뒤, 블래스트VLAST 노현보 이사가 무대에 올라 버추얼 아이돌 그룹 'PLAVE'를 소개한 것이다. 2023년 3월 12일에 데뷔한 블래스트 소속 5인조 버추얼 보이그룹 PLAVE는 'Play'와 'Rêve(꿈)'를 합친 이름이며, 자신들의 꿈을 이루기 위해 새로운 세상을 만들어간다는 의미를 담았다. 작사, 작곡, 프로듀싱, 안무 창작 등 음반 제작과 무대 활동에 필요한 모든 음악과 퍼포먼스를 멤버 5명이 만드는 자체 제작돌이기도 하다.

블래스트는 MBC의 첫 번째 내부 벤처로 2021년에 MBC의 특별 프로젝트로 시작되어 2022년 2월에 공식 설립됐다. 블래스트는 가상 아이돌 그룹 PLAVE를 통해 AI와 기술을 활용한 콘텐츠 제작에 주력하고 있다. PLAVE는 가상 캐릭터로 구성된 보이그룹이지만, 실제 아이돌 그룹 못지않은 안무와 세계관, 그리고 음악 작업을 직접 진행하는 '실체 있는Artistically Real 그룹'이다. 블래스트측은 최근 발매된 신곡이 24시간 만에 1,100만 스트리밍을 달성하고 빌보드 차트에도 진입했다고 소개하면서 "기술과 스토리텔링을 결합한 K-콘텐츠의 새로운 장을 열고 있다"고 밝혔다.

PLAVE는 레거시 미디어인 MBC가 스타트업 마인드를 가지고, AI·XR을 적극 활용해 탄생시킨 아이돌이라는 점에서 주목할 만하다. 현장에서는 PLAVE 신곡 'Dash' 뮤직비디오가 최초로 공개되어 큰 반응을 이끌어냈다. PLAVE는 "창작과 혁신의 결합을 통해 글로벌 무대에서 계속 도전하겠다"라고 포부를 밝혔다.

텍사스 오스틴 SXSW 현장에는 안형준 MBC 사장이 직접 참가했다. 안 사장은 "저는 한국의 대표적인 방송사 MBC의 사장으로, SXSW 2025에서 한국 콘텐츠의 혁신을 선도하는 앰배서

버추얼 보이그룹 PLAVE

출처: 블래스트 홈페이지

더로서 자랑스럽게 생각한다"며 "저희(MBC)는 레거시 미디어 조직이지만, 스타트업을 강력하게 지원하며 빠른 혁신을 추구하고 있다. 변화하는 미디어 환경에 맞춰 창의적인 스토리텔링과 지속적인 기술 융합을 추구하고 있다"라고 강조했다.

그는 또 "특히 버추얼 아이돌 그룹 'PLAVE'의 성공적인 출시를 통해 새로운 장을 열고 있다. 이는 놀라운 성공을 거둔 사례로 저희에게 매우 자랑스러운 일"이라며 "우리는 여기서 멈추지 않고 앞으로도 대담한 야망을 가지고 새로운 도전을 계속할 것"이라고 덧붙였다. 안 사장은 이어 "글로벌 콘텐츠 혁신의 여정에서 앰배서더로서 말뿐이 아닌 행동으로 보답할 것을 약속한다"라고 설명했다.

엔터테인먼트 테크 시대, K-콘텐츠가 열어가는 스토리텔링의 미래

SXSW 2025에서 열린 "Storytelling with Impact: How K-Content and Technology Shape the Future of Entertainment" 세션은 K-콘텐츠가 창의적 스토리텔링과 엔터테인먼트 테크를 결합해 보여줄 수 있는 폭발적인 잠재력을 생생하게 드러냈다. 세션 진행자 웬 장은 "결국 중요한 것은 사람이 전하고자 하는 이야기이며, 테크는 이를 극대화하는 도구일 뿐"이라고 강조했다.

K-콘텐츠는 AI, XR, 메타버스 등 첨단 기술을 빠르게 흡수하며 스토리텔링 무대를 스트리밍 온라인과 오프라인, 가상과 현실 전 영역으로 무한히 확장하고 있다. 이는 전 세계 시장에서 K-콘텐츠의 독보적인 경쟁력을 증명할 뿐 아니라, 크리에이터와 소비자 간의 상호작용을 한층 풍부하게 만들어낸다. 물론 이 과정에서 '원칙'을 명확하게 세워야 한다. 고인 복원이나 데이터 프라이버시 같은 윤리적·사회적 이슈가 급부상함에 따라서 책임 있는 가이드라인 마련이 필수적이라는 점도 분명해졌다. 콘텐츠 제작 현장에서 테크놀로지 활용이 빠르게 확산될수록 창작자·플랫폼·소비자가 함께 공감하고 받아들일 수 있는 윤리 기준이 그

어느 때보다 중요해졌다.

K-스타일 접근법, 인간적인 울림과 혁신의 조화

K-콘텐츠의 잠재력은 AI, 메타버스, 스트리밍 같은 엔터테인먼트 테크놀로지를 적극 활용해 스토리텔링의 범위를 끊임없이 넓혀가는 데서 극대화된다. 이 과정에서 무엇보다 '인간적인 울림'을 지향하면서도 혁신을 멈추지 않는 'K-스타일'만의 접근법이 중요하다. K-스타일 콘텐츠 혁신은 글로벌 오디언스에게 강렬한 인상을 남기며, 앞으로 글로벌 엔터테인먼트 산업의 지형을 바꾸어갈 결정적 계기가 될 것이다.

K-콘텐츠는 이제 니치Niche 시장을 넘어 팬덤을 중심으로 글로벌 오디언스를 끌어당기는 '관심 시장Attention Economy'으로 진출해야 한다. 이 과정에서 테크놀로지는 그 자체로 한국이 기술과 스토리텔링의 융합을 통해 새로운 엔터테인먼트의 지평을 열어가는 플랫폼 역할을 수행할 수 있을 것이다.

에필로그

K-엔터테크로 '글로벌 문화강국 대한민국'을 꿈꿉니다

"나는 우리나라가 세계에서 가장 아름다운 나라가 되기를 원한다… 오직 한없이 갖고 싶은 것은 문화의 힘입니다. 문화는 우리에게 가진 것에 만족하고 다른 사람을 사랑하는 마음을 품게 합니다"

김구 선생

"20세기엔 공업과 노동력이 국력이었다면, 21세기엔 지식과 문화가 중요하다. 문화산업이 국가 기간산업이 되어야 한다. 21세기는 한국의 세기다. 왜냐하면 문화는 한국인에 가장 적합하기 때문이다"

김대중 대통령

'문화의 힘이 가장 높은 나라'를 꿈꾼 지도자들…

일제 강점기 독립운동가 백범 김구 선생은 "오직 갖고 싶은 것은 높은 문화의 힘"이라고 말씀하셨습니다. 그는 군사력이나 경제력이 강한 나라보다는 문화적으로 존경받는 나라가 더 바람직하다고 생각했습니다. 군사력은 일시적일 수 있으나 문화는 세대를 이어서 전파되며 지속적인 힘을 가질 수 있기 때문입니다. 김구 선생이 말한 '문화의 힘'은 단순한 예술적 차원을 넘어 민족 정체성, 독립 의지, 세계적 영향력 및 위상을 아우르는 개념이었습니다. 이는 오늘날 한국이 문화 강국으로 성장하는데 결정적 영향을 준 사상적 토대가 되었습니다.

김구 선생의 문화사상을 문화산업으로 연결하여 대한민국을 K-콘텐츠와 문화 강국으로 이끈 지도자가 바로 김대중 대통령입니다. 두 지도자는 시대적 배경은 다르지만, 문화가 예술의 영역을 넘어 국가의 정체성과 경쟁력을 강화하는 수단이 되어야 한다고 생각했다는 점에서 공통점이 있습니다. 김구 선생은 문화의 힘이 강한 나라를 원했고, 김대중 대통령은 실제로 문화산업을 통해 한국의 국력을 키우고, 한국의 문화적 위상을 세계에 알리는 전략을 수립하고 실행했습니다. 그리고 21세기에 마침내 대한민국은 세계인들로부터 사랑과 존경을 받는 한류의 나라, 문화 선진국의 반열에 당당하게 올라섰습니다.

'빛의 혁명'을 거쳐 새롭게 출범한 이재명정부는 김구 선생이 제시한 사상과 김대중 대통령이 구축한 토대 위에서 발전한 한류의 성과를 이어받아 문화 강국의 비전을 재정립하고, 한류를 단기적 유행이 아닌 지속가능한 세계의 중심 문화로 발전시키기를 바랍니다. 당장 직면한 경제 위기 극복도 중요하지만, 우리나라를 문화 선진국, 콘텐츠 산업의 세계적 강국으로 도약시키기 위한 정책을 새 정부의 핵심 국정과제로 설정해야 합니다. 이를 통해서 K-콘텐츠 산업의 발전이 경제 성장 및 국가 경쟁력 강화로 이어지고, 세계 속 대한민국의 위상을 한층 더 높이는 원동력이 되는 선순환 구조가 작동되도록 만들어야 합니다.

엔터테인먼트와 테크놀로지의 결합은 필연이자 K-콘텐츠의 미래…

엔터테인먼트와 테크놀로지라는 두 개의 키워드는 이 책의 프롤로그부터 본문과 에필로그에 이르기까지 이야기 전개의 핵심 축입니다. 엔터테인먼트와 테크놀로지의 결합, 즉 엔터테크는 전 세계적으로 중요한 트렌드로 자리를 잡아 가고 있습니다. 이는 AI, 스트리밍, XR, 블록체인 등 첨단 기술의 발전이 엔터테인먼트의 핵심 요소로 작동하면서 산업을 근본적으로 변화시키고 있기 때문입니다.

제작 현장에서 AI를 활용한 콘텐츠 제작은 물론, 일반인들도 AI를 활용하여 콘텐츠를 쉽게 제작합니다. 넷플릭스, 유튜브 등 스트리밍 서비스는 AI를 활용하여 더욱 정교화된 맞춤형 서비스를 이용자들에게 제공하면서 콘텐츠 시장 내 절대 강자로 부상하였습니다. AR, VR, MR 등 XR 기반 몰입형 및 인터랙티브 콘텐츠들이 쏟아져 나오고 있습니다. 버추얼 아이돌 그룹의 등장, VR 콘서트 및 팬미팅 등 가상공간을 활용한 이벤트와 실시간 소통도 일상이 되었습니다. 이처럼 엔터테크는 일시적 유행이라기보다는 콘텐츠 제작 및 생산 방식, 그리고 최종 소비 방식의 변화 등 콘텐츠 산업의 패러다임 전환을 의미하는 '상징어'로 자리를 잡아가고 있습니다. 엔터테크라는 새로운 영역의 개척, 새로운 산업 생태계 조성은 K-콘텐츠의 높은 부가가치 창출이나 외연의 확장을 넘어서 한류 전반에 걸쳐 큰 영향을 끼칠 것입니다.

한류 전문가들은 K-콘텐츠 기반의 한류가 지속가능하기 위해서는 콘텐츠 판매 및 소비를 넘어서 팬 중심의 창작과 참여형 생태계로 전환되어야 한다고 주장합니다. 즉 한류가 디지털 기술 기반 서비스 제공을 통해 단순 소비에서 '경험' 중심으로 혁신하고, 여기에 글로벌 현지화 전략을 병행할 때 지속가능성 확보와 새로운 도약이 가능하다고 제안합니다. 이 책에서 주장하는 내용도 크게 다르지 않습니다. 오히려 파편화되어 나타나는 현상과 주장을 한 곳으로 모아 '정책 의제화'를 시도함으로써 정책 및 학술적 논의는 물론, 콘텐츠 산업 현장의 혁신 노력에 도움을 주려고 하였습니다.

콘텐츠 분야 '한-아세안 포괄적 전략 동반자 관계' 구체화…
코로나 팬데믹 전후 넷플릭스를 중심으로 한류가 전 세계 문화 현상으로 확고하게 자리를 잡았습니다. 그럼에도 불구하고 한류의 핵심 소비 지역은 동남아시아입니다. 태국, 베트남, 말레이시아, 싱가포르 등 동남아시아 국가들은 빠른 경제성장과 젊은 연령층 그리고 강력한 소셜 미디어 영향력 등을 기반으로 한류 확산의 중심 시장이 되었습니다. 동남아시아 국가들과 한국 정부 및 콘텐츠업계 간 협력은 앞으로 한류의 확장과 지속가능성 측면에서 매우 중요한 요소라고 할 수 있습니다. 콘텐츠 수출을 뛰어넘어 문화 교류, 공동 제작, 기술 협업, 인재 양성 및 교류 등 모든 분야에서 '상생win-win 전략'으로 전환해야 합니다.

특히 동남아시아에서 태국, 싱가포르, 말레이시아 등 선두 그룹에 속한 국가들의 경우 한류의 핵심 소비지이자, 동시에 자국 콘텐츠 산업 육성에 적극 나서고 있는 만큼 이들 국가들을 대상으로 하는 콘텐츠 분야 교류와 협력은 향후 새로운 국면으로 전환될 가능성이 높습니다. 일례로 태국과 말레이시아는 한국 콘텐츠 정책을 벤치마킹하여 자국 콘텐츠 산업 육성 및 지원 정책과 체계의 구축을 추진하고 있습니다. 또한 2024년 10월 개최된 한-아세안ASEAN 정상회의에서 한국과 아세안 관계가 포괄적 전략 동반자Comprehensive Strategic Partnership, CSP로 격상된 만큼 문화 및 콘텐츠 분야 한-아세안 관계도 한층 발전시킬 필요가 있습니다. 한국과 아세안은 수교 35년만에 동맹의 바로 아래 단계라고 할 수 있는 CSP 관계로까지 발전하였습니다. 짧은 기간에 한-아세안 관계가 그만큼 빠르게 발전 및 성숙했다는 것을 의미하면서, 동시에 향후 한국과 아세안 사이 협력이 한층 더 도약할 수 있을 것이라는 기대를 하게 만듭니다.

이와 관련하여 한국과 동남아시아 국가들 간 콘텐츠 산업을 중심으로 함께 발전할 수 있는 '공진화 전략'을 깊게 고민해야 합니다. 콘텐츠 및 한류 분야 교류의 수준을 한 단계 더 높이고, 질적으로 발전시켜야 합니다. 한국과 동남아시아 국가들은 빠르게 성장하는 디지털 콘텐츠 시장 속에서 상호 보완적인 강점을 가지고 있습니다. K-콘텐츠를 통해 입증되었듯이 한국은 글로벌 경쟁력을 갖춘 IP와 제작 역량을 보유하고 있으며, 동남아시아 국가들은 젊고 디지털 친화적인 이용자와 현지화된 소비 시장을 갖고 있습니다. 따라서 양측은 일방향성 콘텐츠 수출입이나 이벤트 중심의 문화 교류를 넘어 공동의 '콘텐츠 생태계'를 조성함으로써 지속가능한 협력 및 발전 모델을 만들어 나가는 것이 중요합니다. '한-아세안 공동의 콘텐츠 생태계 구축'이 새 정부의 핵심 전략 과제로 채택되고 추진되기를 기대해 봅니다.

K-콘텐츠와 한류의 발전을 위한 성찰과 비전 제시…

지난 30년 동안 진행된 K-콘텐츠와 한류의 세계화에 대한 성찰과 전망, 그리고 비전 제시는 향후 '한류의 또 다른 30년'을 준비하기 위해서 반드시 필요한 작업이자 과정입니다. 개인이나 조직을 막론하고 혁신 없이 발전·성장할 수 없고, 혁신은 성찰을 전제로 합니다. 한류가 눈부시게 발전했지만, 그 과정을 보면 콘텐츠 업계 내부는 물론, 학계와 언론으로부터 끊임없이 '위기 경고'를 받았고, 그때마다 치열한 논쟁과 혁신을 통해서 슬기롭게 극복해 왔습니다. 이제 한류는 흘러가는 유행이 아니라 세계가 인정하는 '문화 브랜드'로 자리를 잡았기 때문에 지속가능성을 고민하면서 한류의 '다음Next'을 묻고, 새로운 방향을 설정하며, 혁신적인 전략을 설계해야 할 때입니다.

한류는 분명 대한민국의 문화적 자산이자 경제 성장의 동력이지만, 그 이면에는 반복적 포맷, 일방적인 전달, 팬덤 피로도 같은 문제점들이 서서히 드러나고 있습니다. 특히 아세안을 비롯하여 남미, 중동 등 최근 몇 년 사이 급속하게 확장된 한류의 신흥 시장에서는 한국 콘텐츠 혹은 문화의 '일방적 진출'에 대한 거부감이나 문화적 감수성 부족에 대한 비판도 잇달아 나오고 있습니다. 한국의 레거시 미디어들이 넷플릭스라는 사탕의 단맛에 취해 혁신의 노력을 소홀히 함으로써 위기 상황에 직면해 있듯이 K-콘텐츠를 비롯한 한류 또한 그런 상황이 오지 않도록 경계해야 합니다.

다음 단계의 한류는 콘텐츠 상품의 교류가 아니라 성찰과 균형감을 바탕으로 보다 깊은 문화적 공감을 만들어내는 '관계의 예술'이 되어야 합니다. 지금까지의 한류가 '보내는 한류'였다면 앞으로는 한류 소비국 및 현지 이용자들과 '함께 만들고 즐기는 한류'가 되도록 패러다임을 전환해야 할 때입니다. 궁극적으로 '생산-소비 관계'를 넘어 한류를 사랑하는 세계의 모든 이들과 '문화적 동반자 관계'를 구축하는 것이 K-콘텐츠 그리고 한류의 다음 목표가 되어야 합니다. 그래서 마지막으로 질문을 던집니다. "넥스트 한류 시대, 우리는 왜, 무엇을, 누구와 함께 만들어가야 할까요?"

참고문헌

김윤지(2023), 〈한류외전〉, 어크로스
배기형(2024), 〈K-컬처와 새로운 한류 정경〉, 사우
심두보(2024), 〈한류가 뭐길래〉, 어나더북스
정길화 외(2022), 〈오징어 게임과 콘텐츠 혁명〉, 인물과 사상사
정호재(2020), 〈아시아 시대는 케이팝처럼 온다〉, 눌민
조영신(2024), 〈애프터 넷플릭스〉, 21세기북스
진달용(2022), 〈한류 신화에 관한 10가지 논쟁〉, 한울엠플러스
채지영 외(2020), 〈한류 20년, 성과와 미래 전략〉, 한국문화관광연구원
한정훈(2023), 〈AI시대, 엔터테인먼트의 미래〉, 페가수스
한정훈(2025), 〈SXSW 2025와 이머시브 테크Immersive Tech의 미래〉, K엔터테크허브

김기림(2024.3.27.), 생성AI가 콘텐츠와 기술을 하나로 만들고 있다, 엔터테크포럼,
    〈더밀크〉
김민주(2021.10.22.), "K-는 한국 정부 기획물" 해외 언론이 본 한류 세계정복기,
    〈일요신문〉
김영대(2021), 왜 세계는 K-컬쳐에 열광하는가-해외 석학이 말하는 한류,
    〈K공감〉 621호
김예랑(2024.11.6.), 영화 산업 붕괴 수준… 2026년, 더 심각할 것, 〈한국경제〉
김윤지(2022.5.7.), 한류, 정책 산물인가 '설계되지 않은 성공'인가, 〈한겨레〉
김정수(2011), (신)한류에서 배우는 문화정책의 교훈, 〈한국행정연구〉
    제20권 제3호
김향미(2017.12.1.), 방시혁, 방탄소년단 성공은 SNS 덕분…미디어 흐름 변해,
    〈경향신문〉

노준영(2024), 알파세대 특징-콘텐츠 마케팅에 반응하는 세대, 〈브런치스토리〉
박찬수(2024.1.17.), 문화를 산업으로 본 첫 대통령… DJ, '한류'의 기반을 놓다,
    〈한겨레〉
배기형(2024), 세계적인 석학, 샘 리처드 교수에게 한류를 묻다,
    〈한국국제문화교류진흥원 뉴스 & 이슈〉
윤준탁(2023.11.1.), [트랜D] 최신 기술과 함께 그리는 디즈니의 미래, 〈중앙일보〉
이본영(2024.11.17.), 트럼프, 에너지장관에 '기후위기 부정' 석유업체 경영자 지명,
    〈한겨레〉
이성민(2019), 디지털 미디어 혁신이 열어줄 한류와 아시안류의 미래,
    〈브런치스토리〉
이성민(2021), 한류와 국가-정책의 관계에 대한 단상, 〈브런치스토리〉
이수만(2021), 한류, 현재의 K-pop을 만든 CT와 미래를 열어갈 SMCU,
    〈아시아 브리프〉 1권 16호
이장우(2021), 한류(K-pop)의 성공과 미래, 〈아시아 브리프〉 1권 14호
이재현(2024), 한-아세안 포괄적 동반자 관계 수립: 배경, 의의와 향후 과제,
    〈이슈브리프〉, 아산정책연구원
장인철(2024.7.17.), 실사 못지않게 발전한 동영상 생성형AI, 콘텐츠사업
    게임체인저 될 것, 〈한국일보〉
임순현(2024.12.18.), 방송 콘텐츠 수출전망 어둡다…
    "제작비 상승·OTT 의존이 원인"〈연합뉴스〉
정아임(2024.10.7.), "한국 좋다"는 싱가포르인들… BTS 제친 '1등 공신'은 누구,
    〈조선일보〉
정종은(2023), 글로벌 문화자본으로서 한류의 형성 및 확산과정:
    신개발주의적 관점을 중심으로, 김성윤 외,
    〈한류: 문화자본과 문화내셔널리즘의 형성〉, 북코리아

정종은(2024), 성장의 시대로부터 성숙의 시대를 향하는 '국제문화교류' 정책,
〈Hallyu Now〉 Vol.58

조원득(2024.10.16.), 한-아세안, 새로운 협력 시대 열다, 〈대한민국 정책브리핑〉

진달용(2022), 글로벌 미디어 플랫폼과 한류의 문화콘텐츠산업, 〈황해문화〉 여름

진달용(2023.11.29.), [진달용의 한류 이야기] 수준 높은 콘텐츠에 혁신적 비즈니스
모델까지… 지속가능성 높아지는 한류, 〈한국경제〉

채지영(2021), 한류 20년, 성과와 미래전략, 〈아시아 브리프〉 1권 10호

최영호(2024.7.4.), 아이들은 왜 광고를 잘 기억할까?, 〈매드클럽〉

한승곤(2022.12.5.), "알파 세대가 뭐죠?" MZ세대 이어 '알파' 등장, 〈아시아경제〉

한정훈(2024.3.18.), 엔터테인먼트 핵심 기술로 떠오른 AI, 〈PD저널〉

한정훈(2024.7.6.), 소셜 비디오 시대에 눈을 떠야 하는 TV,
비드콘을 다시 봐야 하는 건 필수, 〈다이렉트미디어랩〉

한정훈(2024.9.30.), 라이언스 게이트의 AI 스튜디오 선언, 예술의 역사는
기술의 역사다, 〈다이렉트미디어랩〉

한정훈(2025.1.1), Will major studios embrace AI as a creator?,
〈K엔터테크허브〉

한정훈(2025.3.22.), [SXSW 2025] 중요한 건 사람이 전하고자 하는 이야기…
테크는 이를 극대화하는 도구, 〈K엔터테크허브〉

홍석경(2021), 한류의 세계화: 이해와 오해, 〈아시아 브리프〉 1권 23호

홍석경(2022), [홍석경 칼럼] 아시아 대표에서 세계의 중심으로,
한류가 지속되려면?, 〈피렌체의 식탁〉

홍석경(2023.5.8.), 한류가 글로벌 대안문화로 살아남으려면, 〈한겨레〉

대학내일20대연구소(2024), 〈알파세대 탐구보고서 2024〉

매조미디어(2023), 〈2023년 소비 트렌드 시리즈〉

방송통신위원회(2024), 〈2023년 방송사업자 재산상황 보고서〉

에너지경제연구원(2024), 〈트럼프 미국 대통령의 에너지·기후 정책과 대내외 영향〉
한국과학기술기획평가원(2024), 〈2024년 The Global AI Index 결과 분석〉
한국관광공사 방콕지사(2024), 〈심화리포트-태국 소프트 파워 강화 정책 추진 동향 및 시사점〉
한국국제문화교류진흥원(2021), 〈글로벌 한류 트렌드 2021〉
한국국제문화교류진흥원(2023), 〈2023년 해외 한류 실태조사〉
한국국제문화교류진흥원(2023), 〈KOFICE 20년-한국국제문화교류진흥원 20년의 여정〉
한국국제문화교류진흥원(2023), 〈한류와 문화다양성〉
한국국제문화교류진흥원(2024), 〈2024년 해외 한류 실태조사〉
한국국제문화교류진흥원(2024), 〈한류백서 2023〉
한국콘텐츠진흥원(2018), 〈한류의 패러다임 전환을 위한 신한류 확산 전략 연구〉
한국콘텐츠진흥원(2022), 〈2022 싱가포르 OTT 방송시장 동향〉
한국콘텐츠진흥원(2023), 〈2023 베트남 한류 소비자 심층분석〉
한국콘텐츠진흥원(2023), 〈2023 콘텐츠산업백서 연차보고서〉
한국콘텐츠진흥원(2023), 〈K-콘텐츠 해외진출 현황조사〉
한국콘텐츠진흥원(2023), 〈방송영상 트렌드 & 인사이트〉
한국콘텐츠진흥원(2024), 〈2024 콘텐츠산업백서 연차보고서〉
한국콘텐츠진흥원(2024), 〈대만 문화크리에이티브 산업 발전 현황〉

SXSW(2025), The Future of World-Building at Disney-SXSW Live, https://www.youtube.com/live/uZr3vWmqP7A?si=q89RC5FhTjfcrOUg